바이칼에서
북만주까지

민족의 시원에서 통일시대를 잇는 역사철학기행

바이칼에서 북만주까지

초판 1쇄 인쇄일 2021년 3월 8일
초판 1쇄 발행일 2021년 3월 15일

지은이 김창경
펴낸이 양옥매
디자인 임흥순 임진형
교   정 조준경

펴낸곳 도서출판 책과나무
출판등록 제2012-000376
주소 서울특별시 마포구 방울내로 79 이노빌딩 302호
대표전화 02.372.1537   **팩스** 02.372.1538
이메일 booknamu2007@naver.com
홈페이지 www.booknamu.com
ISBN 979-11-5776-683-3 (03910)

민족의 시원에서 통일시대를 잇는
역사철학기행

바이칼에서
북만주까지

김창경 지음

책과나무

: 들어가는 글 :

진실한 역사를 바탕으로
한 올바른 미래로의 여정

　우리 민족의 시원지 바이칼에서부터 민족의 이동 경로인 옛 영
토 북만주와 미래 수도 북계룡 유역을 잇는 역사철학 답사는, 봉우
선생님[1]의 말씀 한마디 때문에 시작되었다. "시베리아가 원래 우리
땅이었어요."라는 깜짝 선언 같은 말이었다. 봉우 선생님을 통해
민족 전래의 정신수련 방법인 조식 호흡법을 배우고 익히며 민족의
상고사(上古史)에 관한 관심이 점점 커졌고, 이 말씀을 들은 이후부
터 바이칼은 꼭 가 봐야 하는 곳으로 자리매김했다.

　하지만 공부가 성취된 이후에 돌아보아야 제대로 볼 수 있다는 자
격지심이 들어 계속 미루다가, 더 늦기 전에 직접 가 보는 것이 제

1　봉우(鳳宇) 권태훈(權泰勳, 1900~1994) 선생은 1984년에 출판된 책 『단(丹)』의
　주인공으로 알려졌으며, 민족운동가이자 단군 사상가로서 대종교 총전교를 역임했다.
　한국단학회연정원을 세워서 단전호흡을 일반에 보급했다.

자 된 도리를 하나라도 하는 것이라는 생각에 행동으로 옮겼다. 2년여에 걸친 조사를 마치고 뜻을 같이하는 22명과 함께 답사팀을 꾸려서, 2001년 6월 14일부터 27일까지 13박 14일의 역사철학 탐방을 다녀온 것이다. 봉우 선생님의 말씀을 근거로 해서 우리 민족의 시원지이자 전 세계 인류 문명의 발상지인 바이칼, 동북아시아를 호령했던 옛 땅인 북만주, 그리고 미래 수도 자리인 북계룡까지 다녀왔다.

그러나 답사 초반에는 여행 정보와 여행사의 패키지 코스도 없는 상황인 데다, 그 짧은 일정에 봉우 선생님이 말씀만으로 전해 주신 근거나 역사적 증거를, 하나라도 듣거나 만나 볼 수 있을지 의구심이 있었다. 하지만 가는 곳마다 그 증표들이 하나씩 드러나서, 마치 그림의 퍼즐이 맞춰지는 것처럼 신기하기도 하고 점점 확신이 들기 시작했다. 어둡고 컴컴했던 시아가 조금씩 환하게 밝아지는 기분이었다.

민족의 왕래대통로(往來大通路)를 따라 일만 년 우리 민족의 역사를 거슬러 올라갈 수 있었고, 밝고 밝았던 선조들의 정신과학문명(精神科學文明) 유적·유물들을 직접 보고 듣고 만질 수 있었다. 바이칼과 몽골 그리고 요동벌은 우리 민족의 밝은 역사의 산실이었다. 나아가 장백산은 세계 대평화와 간도중명(艮道重明)을 이루어 갈 현인류(現人類) 문명기원(文明起源)의 성지(聖地)였다.

비록 짧은 일정에 스치듯 돌아본 상고의 역사유적이었지만, 이를 통해 선조의 밝았던 기상을 진작시켜 홍익인간(弘益人間)의 정신을 세계로 펼쳐 나갈 수 있는 저력이 우리에게 있음을 확인했다.

그런데 막상 오늘 우리의 모습은 어떠한가. 우리는 민족의 역사를 잃어버리고 사대주의와 식민사관에 사로잡혀 역사의 진실을 알지 못한 채 살고 있다. 또한, 상고사에 대한 학설과 논의들이 고구려는 이야기하면서 고조선과 그 이전의 역사는 논의조차 못 하고 있다. 구석기·신석기·청동기로만 말할 뿐, 미개한 문명이며 신화로만 말할 뿐이다. 특히 고조선에서 단군 시대로 올라가는 연대에서는 유적·유물이 출토되어도 명확히 규정되는 것이 없다.

물론 그 시대를 규정할 만한 드러난 역사 자료가 없기 때문이기도 하지만, 오히려 중국의 우리 역사 축소 및 은폐와 일제의 식민사관, 그리고 서양 교육에 편향된 그릇된 동양 역사관의 인식으로 인해 미신 혹은 신화나 전설로 치부되고 있는 것이 더 크다. 알지 못하니 믿지 못하고, 믿지 못하니 공경하지 못하고, 공경하지 못하니 자부심을 갖지 못하는 것이다.

게다가 국토의 허리가 잘린 채로 남한은 남한대로 미국의 간섭 아래 70년이 넘게 지나도록 정치와 경제, 군사적 압력에서 벗어나지 못하고 있고, 북한은 북한대로 공산주의가 뼛속까지 물들어서 세대가 지날수록 서로 이질감이 커지고 있다. 같은 민족이 남남처럼 살면서 국가와 민족에 대한 자기 정체성을 점점 잃어버리고 있는 것이다.

돌이켜 보면 우리가 이렇게 남북으로 갈라진 건 우리 의지가 아니었다. 당시 강대국이었던 미국과 소련의 이권 다툼 때문이라 할 수 있다. 하나의 민족을 둘로 갈라지게 만들어 놓고, 오늘날까지 근 70여 년이 지나도록 이념적 대립을 부추기기만 하고 있다. 남북이 합치면 우수한 민족이기 때문에 자칫하면 미국이나 여타 강대국에게 위협이 될 수도 있으므로, 서로 합치지 못하게 만들고 있는 것이 현실이다.

하지만 더 이상 이대로는 안 된다. 잃어버린 주권을 회복하고 민족정기를 다시금 일깨워서, 하루빨리 남북통일을 이룩해야 한다. 언제나 우리가 잊지 말아야 할 것은, 우리는 원래 하나였으며, 모두 한배검[2]의 자손이라는 것이다.

앞으로 다가올 시대는 물질문명의 한계를 극복하고 물질과 정신이 조화롭게 함께 신화해 나가는 '심물일치(心物一致)'의 시대이다. 인류는 지난 근현대 동안 경제 논리를 내세우며 편벽된 물질문명만을 추구해 왔다. 그 결과 무수한 천재지변 및 환경재앙과 질병을 초래했고, 윤리 도덕이 무너져 인간의 정체성마저도 실종되기에 이르렀다.

그러나 우주 순환의 이치는 사물이 극에 달하면 반드시 반전하여

---

2 한배검은 종교적 차원의 개념이 아니라, 우리의 첫 조상이자 정신적 스승으로서의 의미를 담고 있다. 한자로는 '대황조(大皇祖)'라고도 하며, 한글로는 '큰할아버지', '큰할배'라는 의미가 있다.

되돌아온다고 하는 "물극필반(物極必反)"의 원리를 지니고 있다. 지금이야말로 그때인 것이다. 우리나라와 세계 인류가 모두 한 뿌리이며, 같은 운명 공동체라는 시대적 깨달음이 무엇보다 중요한 때이다. 이러한 정신적 각성 아래에서 세계 평화와 홍익인간 세상을 이루어야 한다. 그러기 위해서는 제일 먼저 우리의 잃어버린 뿌리와 역사를 바로 세워야 한다. 역사의 진실을 찾아서 올바르게 이어가야 한다.

우리의 본래 역사를 찾으려면 상고사(上古史)가 시작하는 바이칼과 북만주에서 출발해야 하고, 그를 위해서는 무엇보다 남북통일이 선결 과제인 것이다. 이는 연어가 본능적으로 고향의 강물을 찾아 돌아가는 것과 같이 자연의 순리에 순응하는 이치이면서도, 지극히 현실적인 이유를 갖는 타당한 것이다.

우리 민족은 바이칼에서 시작하였고, 소빙하기의 기후변화에 순응하기 위해 흥안령을 넘어 북만주로 이동하여 역사를 이루었다. 이제 그 후손인 우리는 현재 일어나고 있는 지구온난화의 기후변화에 따라, 북쪽으로 이동하여 삶의 터전을 이루고 사는 것이 자연의 순리에 순응하는 것이 된다. 자연은 원시반본(原始返本)의 원리를 지니고 있고, 역사는 순환의 원리를 갖고 있다. 우리는 자연의 순리에 따라 조상들의 영토인 고향으로 돌아가 살아야 하는 당위성을 지닌다고 할 수 있다.

통일이 되면 제일 먼저 우리 고대사(古代史)의 역사적인 증거를 찾아야 한다. 한배검께서 바이칼호를 중심으로, 현 인류문명을 창시하고 세계로 뻗어 나가신 것, 장백산에서 고조선을 세우신 것 등, 민족의 상고사를 찾아서 세계 속에 한국의 위상을 재정립해야 한다. 하지만 지금은 남북이 막혀서 북쪽을 통해서는 갈 방법이 없다. 그러니 힘을 합해 통일을 이루어서 우리 역사와 조상을 찾아야 한다.

하지만 그 배경과 역사를 모르고 찾으면 소용이 없다. 그러므로 정신수련으로 지혜를 밝히고, 그 근거를 명확하게 찾아야 한다. 사람이 어제의 역사를 모르고는 내일의 미래를 희망할 수 없는 법이다. 옛일을 알아야 앞날도 더 잘 대처할 수 있다는, 온고지신(溫故知新)의 진리를 동양의 현인들은 누누이 일러 왔다.

사실 개인의 경험으로 간직했던 역사철학 답사를, 20여 년이 지난 지금에아 세상에 내놓는 것은 통일이라는 민족의 과제 잎에서 봉우 선생님의 말씀이 자주 떠올랐기 때문이나, 그보다 자식을 키우는 아버지로서 젊은 세대에게 희망의 메시지를 전하고 싶은 마음이 컸기 때문이다. 특히 요즘 우리나라 젊은 청년들은 일자리를 구하지 못해 미래에 대한 희망을 찾아볼 수 없는 현실에 당면해 있다.

이에 대한 유일한 해결책은 남북통일이다. 세계적인 경제전문가들의 예견도 남북한이 통일을 이루고 시베리아 대륙횡단 열차가 이어지면, 비단 우리나라만 발전하는 것이 아니라 전 세계의 경제 불황을 타개할 수 있는 돌파구가 되리라 전망하고 있다. 무엇보다 통일을 이루어야 젊은이들이 원하는, 더 안전하고 자유롭고 경제적으로 여유 있는 행복한 미래를 살 수 있을 것이다.

통일을 반드시 이루어야 하는 당위성의 최우선 이유는 이념 문제 해결에 있다. 대한민국 수립 이후 근 100년 동안 우리는 분단국가로서 반공이냐 아니냐의 정치적 이념에서 모든 국민이 구속되어 살아왔다. 정치·경제·역사·문화·교육 등 모든 부분에서 걸림돌이 되어 왔고, 이는 앞으로 어떠한 대통령이 나와도 해결할 수 없는 갈등의 연결고리가 될 것이다. 더불어 강대국에 휘둘려 내부 분열의 빌미가 되고, 이로부터 결국 지나온 세월만큼이나 또 후속세대에게 대물림 되어 내려갈 것은 불 보듯 명확한 사실이다. 오늘을 살아가는 대한민국의 부정할 수 없는 냉정한 현실 상황이다.

이러한 근본적인 문제가 해결되기 위해서 무엇보다 우선으로 통일이 되어야 한다. 통일이 되어야 젊은이들의 미래가 있고, 올바른 역사가 바로 서서 올바른 교육이 이루어진다. 통일이 이루어져야 우리 자식들의 밝고 행복한 미래가 있다.

통일은 근 100년 동안의 숙원으로 내려왔지만, 그러나 우리는 반드시 통일을 이룰 수 있다. 역사적으로 우리 민족은 수많은 침략과 전쟁을 겪으면서도, 모두 극복하며 살아온 강인한 정신과 밝은 지혜를 지녔다. 우리 민족의 DNA에는 밝은 지혜로 통일을 이루어 낼 수 있는 저력이 잠재되어 있다. 이에 이 책이 우리의 민족정신 고취와 역사 바로 세우기, 그리고 통일에 대한 비전과 민족의 밝은 미래에 대한 희망으로 읽히기를 기대해 본다.

　개인 일기처럼 기록용으로 찍은 사진과 글들이었기에, 지금 펼쳐 보니 여러모로 미숙하다. 특히 사진이 매우 아쉽다. 디지털카메라도 없던 시절에, 그것도 중고 카메라를 사서 사진을 찍다 보니 여러모로 조작이 미숙했고, 세월이 오래 지나 색감도 많이 바랬다. 그래서 사진이라도 다시 찍으려 했으나, 지금은 하늘길이 막혀서 그마저도 여의치가 않다. 모쪼록 이 글을 읽는 독자 여러분들께서 필자의 부족한 솜씨를 너그러이 양해해 주시기를 부탁드린다.

　끝으로, 2020년 탄신 120주년을 맞은 봉우 선생님께, 옷깃을 여미며 머리 숙여 깊은 감사를 올린다. 그리고 이 답사에 함께했던 나의 아내이자 도반인 이창숙 씨와, 분단된 국토의 최전방 GP에서 철책을 앞에 두고 초병의 임무를 다하고 있을 아들에게도 감사의 마음을 전한다.

2020년 11월 17일

저자 김 창 경

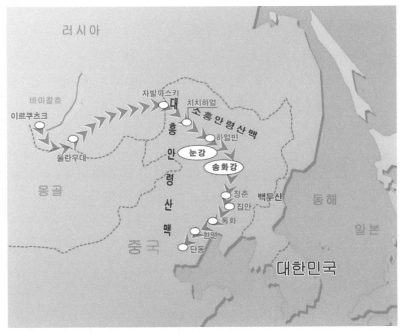

바이칼에서 북계룡까지 답사를 그린 지도

2001년 6월 14일부터 6월 27일까지 13박 14일의 답사 여정이다. 봉우 선생의 말씀을 근거로 해서 상고시대의 바이칼 유적 답사와 그 역사의 흐름을 따라 민족 이동 루트의 한 갈래인 몽골 초원을 달리고, 만주리를 거쳐서 남북으로 뻗어 내린 대흥안령산맥을 기점으로 삼아 단군 시대 또는 고조선 시대를 살펴보고, 북부여와 고구려 발해의 역사 흐름을 따라갔다. 그리고 미래의 5백 년 수도 자리인 북계룡을 지나 대동장춘 세계의 장춘까지 살펴보기 위해서, 치치하얼, 대안, 장춘, 통화, 환인, 집안, 봉성, 단동으로 따라 내려갔다.

차례

1

우리 민족의
시원(始源)이자
현(現) 인류문명의
발상지, 바이칼

/

신화 속으로
사라진 역사 1만 2천 년

봉우 선생에 의하면, 지금으로부터 1만 2천 년 전, 지구에 여섯 번째 개벽이 일어난 뒤 사람들이 본성을 잃어버리고 짐승처럼 살고 있을 때였다. 한배검께서 인류를 불쌍히 여기셔서 이를 구해 주시기 위해 이 땅에 내려오셨다고 한다.

한배검께서 둘러보니 바이칼호가 사방 66군데에서 물이 들어와, 물도 좋고 공기도 맑아서 사람이 살기에 좋았다. 당시의 대홍수에서 살아남은 오족(五族: 황, 백, 흑, 적, 갈색)의 백성을 바이칼에서 교화(敎化)·이화(理化)·치화(治化)시키셨다. 곧 "사람의 도리, 사람답게 사는 법을 다시 배워야 한다."라고 하시며, '지감(止感)·조식(調息)·금촉(禁觸)'을 가르치셨다.

맨 처음 가르친 것이 '조식법(調息法)' 즉 호흡 명상 수련법이다. 인간 생명의 근원인 숨을 고르게 하면 몸이 건강해지고 머리가 좋아진다. 이는 우리 조상들이 면면히 이어서 수련해 온 것으로, 역사에 유명 무명의 인사들이 수련했던 선도(仙道) 공부이며, 지금의 단학(丹學) 수련법이다.

두 번째는 '지감(止感)'이다. 사사로운 마음을 그치고 마음을 다스리는 도리이다.

세 번째는 '금촉(禁觸)'이다. 욕심 부리지 말고, 남의 것을 탐내지 말고, 홍익인간(弘益人間)을 실천하며 다 같이 잘 살아야 한다는 도리이다.

이와 같은 세 가지 항목은 현 세계 모든 종교와 철학사상에서 가장 근본적인 수양론의 원리라고 해도 과언이 아니다.

바이칼 지역이 기후변화 때문에 소빙하기(小氷河期)로 접어들어 점점 추워지자, 한배검께서는 좀 더 나은 삶의 터전을 찾기 위해 목초지를 따라 이동하셨다. 바이칼에서 대흥안령산맥을 넘어와 현재의 만주 장춘(長春)에 도읍을 정하고 나라를 세우셨는데, 이것이 바로 우리나라 최초의 국가인 고조선(古朝鮮)이다.

장춘에는 그 당시 세계에서 가장 높은 산이 있었는데, 곧 장백산(長白山)이다. 장백산의 의미는 '가장 크고 밝은 우두머리 산'이라는 뜻이다. 이후 지각변동이 일어나서 장백산이 밑으로 내려앉고, 지금의 백두산이 솟았다고 한다. 일반적으로는 백두산을 장백산이라고 알고 있는데, 장백산은 엄연히 따로 실존한다고 하셨다.

한배검이 고조선을 세우시고 1대 임금의 자리에 오르셨으며, 이후 그 가르침을 이어 가면서 백성을 잘 다스리도록, 무리 가운데 가장 우수한 인재를 임금으로 뽑았다. 이 임금을 칭하는 말이 단군(檀君)이다. '단(檀)'은 '밝다'라는 의미로, 단군은 '밝은 임금'이라는 뜻이다. 한배검은 한 분이지만, 단군은 역대로 여러 명이 실존했다고 한다. 우리가 알고 있는 요(堯)임금, 순(舜)임금도 전 세계로 파견된 단군 임금들 가운데 한 분이라고 한다.

한배검은 비단 우리 민족뿐만 아니라 인류를 교화시켜 전 세계로 나아가게 하셨는데, 그때는 지금처럼 대륙이 서로 떨어진 것이 아니라 하나로 이어져 있어서 가능했다. 북동아시아 위쪽의 베링해협이 연결돼 있었기 때문에 한 갈래는 북아메리카 쪽으로 나아갔고, 한 갈래는 서쪽으로 나아가 서구 유럽 문명을 일으켰으며, 한 갈래는 남쪽으로 내려와 지금의 호주까지 진출했다고 한다. 원래 자리에는 북만주, 몽골, 고조선 등의 '백두산족'이 남았는데, 이는 우리 민족을 일컫는 말이다.

비근한 예로 우리나라와 일본이 1만 2천 년 전에는 하나의 대륙이었지만, 지각변동 이후 일본대륙이 떨어져 나갔다고 한다. 봉우 선생이 젊은 시절 그 증거를 찾기 위해서 한국과 일본을 수차례 오가며 답사했다고 한다. 부산에서부터 두만강까지 걸어 올라가면서 흙을 한 줌씩 가방에 담고, 흙이 없는 곳은 돌멩이를 담아서, 산과 강을 따라 꼼꼼하게 적어 가며 토질 검사를 했다. 그리고 곧 일본으로 건너가 평지와 바다를 같은 방법으로 조사했는데, 그 결과

'규슈(九州: 일본의 4대 섬 가운데 가장 남쪽에 있는 군도(群島)로 산이 많고 화산 활동이 활발하다)'가 제주도 서귀포에서 떨어져 나간 사실을 확인했다. 이후 일본 학자들이 실제로 지질조사를 했는데, 역시 우리나라와 일본이 하나의 대륙이었다는 사실을 확인하고 인정했다고 한다.

봉우 선생이 이렇듯 고생을 자처하며 증명한 이유는, 당신이 정신수련을 통해 얻은 혜안으로 직관하여 알게 된 사실, 즉 한배검의 존재와 인류와의 관계, 그리고 지각변동에 대한 역사적인 근거를 찾기 위해서였다. 이를 위해 20대 때부터 약 40년 동안 만주 장백산으로, 시베리아 바이칼호 지역으로, 내·외몽골 6천여 리까지 수없이 답사하고 조사했다. 그 결과 우리 민족의 역사가 곧 세계와 맞닿아 있음을 직접 확인했다고 한다.

그러므로 우리 겨레의 뿌리이며 첫 조상은 한배검이고, 그분은 현재 세계의 인류를 가르치신 첫 성자였으며, 우리는 만 년 이상의 역사를 가진 선진(先進)문화 민족이자 하늘의 자손임을 잊어서는 안 된다고 누누이 강조하셨다.

우리가 이것을 되새기기 위해서는 제일 먼저 잃어버린 뿌리와 역사를 바로 세워야 한다. 신화속으로 사라진 우리 근본 역사의 진실을 찾으려면, 상고사(上古史)가 시작되는 바이칼과 북만주에서 출발해야 한다. 그리고 진실한 역사를 바탕으로 올바른 미래로 발전해 나아가기 위해서는, 무엇보다 남북통일이 선결 과제인 것이다.

몽골 초원을
말 달리다

2001년 6월 14일 목요일.

13박 14일의 여정이 시작됐다. 답사 준비를 하는 동안 여러 가지 사정도 많았고, 미지의 세계에 대한 기대감에 마음을 졸여 왔다. 그러나 밤잠을 설치며 인천공항에 도착했지만, 몽골로 가는 예약된 항공편이 몽골 공항 현지에 바람이 세차게 부는 영향으로 이륙하지 못하고 하루 저녁이 연기되었다. 일상을 벗어나 미지의 세계로 훌쩍 벗어난다는 기대감이 가득했던 만큼, 실망감과 함께 불안함도 밀려들기도 했다.

2001년 6월 15일(금), 둘째 날.

우여곡절 끝에 남은 시간 동안 연천군 원당리의 고구려 유적인 호로골성 유적을 살펴보고 하루를 보낸 뒤, 드디어 6월 15일 오전 7시 40분 발 울란바토르행 비행기를 탔다. 바이칼에 가기 위해서는 가장 가까운 도시이자 공항이 있는 이르쿠츠크로 가야 했는데, (2001년 당시) 우리나라에서 이르쿠츠크로 가는 직통 항공기 노선이 없어서 몽골의 울란바토르 공항을 거치게 되었던 것이다.

원래 몽골은 바이칼에서 뻗어 내려온 우리와 같은 민족의 갈래이다. 바이칼 근처에 살던 종족이 "코리족"이고, 거기에서 숙신, 여진, 말갈, 돌궐족과 고조선의 부족들이 뻗어 나갔다. 그중에 돌궐족이 바로 칭기즈칸의 족속이고 그가 이 몽골 초원을 통일했다. 지리적으로 보면 바이칼에서 가장 가까운 지역이 몽골이기도 하다. 그래서 우리는 바이칼을 답사하기 전에, 민족의 이동 루트를 따라 몽골을 먼저 가게 된 것도 행운이라는 생각이 들었다.

세 시간 반쯤 비행해서 현지 시각 오전 11시경, 몽골의 수도 "울란바토르(Ulaanbaatar)" 공항에 내렸다. 현지 시각은 우리나라보다 1시간쯤 늦어 시차가 났다. 공항 주변은 비가 오고 흐렸지만, 초원이 펼쳐져서 시야가 넓어 보였다.

전용 버스 안에서 몽골 현지 가이드인 '뭉크자르갈(Munkhjargal)'의 설명을 들으며 갔는데, 가이드는 우리나라 서강대학교에서 한국어를 공부했으며 러시아어와 영어도 잘하는 총명하고 젊은 아가씨였다.

가이드의 설명에 의하면 우리가 아는 몽고(夢古)는 중국령의 내몽고 자치구와 몽골 공화국의 외몽고로 나뉘는데, 몽골인들은 몽고라고 부르면 싫어하고, '몽골(Mongol)'이라고 불러야 옳은 표현이라고 하였다. 한편 몽골인들은 우리나라를 "솔롱고스(Solongos)"라고 부른다는데, 이는 "무지개처럼 아름다운 나라"라는 뜻이라고 한다. 게다가 현재(2001년) 몽골의 대통령 딸이 한국에서 유학 중이라고 하니, 우리나라에 우호적인 것 같아 내심 기분이 좋았다.

사실 외국 여행은 처음 접하는 이국적 문화와 풍경들에서 느껴지는 감성이 무척 매력적이지만, 반면에 조금은 불안하기도 하고 낯설기도 하다. 그러나 몽골은 우리와 피부색이 같고, 같은 민족이라는 생각 때문인지 무척 친근감이 든다.

버스를 타고 이동하는데, 창밖의 시가지 풍경이 이색적이다. 낮은 언덕에 나무판자로 지어진 집들과, 중간중간 새롭게 지은 빌딩 및 주택이 보였다. 우리나라 도시가스관에 비하면 다소 굵이 보이는 관이 서로 이어져 있었는데, 이는 주택 난방을 하는 도시 스팀관이라고 한다. 전반적인 분위기가 대체로 우리나라 70년대 중소도시의 모습과 비슷해 보였다. 전동버스도 있고, 여러 나라에서 수입한 중고 승용차가 오른쪽·왼쪽의 핸들이 그대로 장착된 채 섞여서 달리고 있었다. 청소년들의 모습은 신체가 크고 밝아 보였으며, 자유로운 모습에서 문명 개방과 경제 발전의 바람이 일고 있는 상황들이 느껴졌다.

오후 1시쯤 "테렐지(Terelj)"로 향했다. 테렐지는 울란바토르에서

서쪽으로 55㎞쯤 떨어진 외곽인데, 몽골 유목민의 전통천막 가옥인 '게르(ger)'도 볼 수 있고, 또 말을 탈 수 있는 초원이라고 한다. 시내에서 벗어나자 야트막한 구릉과 초원이 넓게 펼쳐져 있고, 그 위에 말과 양들을 방목하고 있었다.

가도 가도 초록이었다. 마치 결이 고운 푸른 융단으로 초원을 뒤덮은 것만 같다. 그 보드라운 결을 한번 쓰다듬어 보고 싶을 정도이다. 우리나라의 목초지는 풀이 무성하게 자라 습하기도 하고 잡풀과 날벌레가 있어서 선뜻 발을 내딛기가 망설여지는데, 그것과는 사뭇 다르다. 비가 적어 건조하고 겨울이 길어서 풀들이 우거지지 않으며, 해가 길어서 그렇다고 가이드가 설명했다.

▲ 테렐지 초원과 바위산

▲ 테렐지 초원과 바위산

▲ 테렐지 초원 공원의 조형물

갑자기 "와!" 하는 일행들의 소리에 고개를 돌려보니, 방목하고 있는 말무리 가운데 수말이 암말에게 구애하고 있었다. 암컷이 거칠게 발길질을 하며 반항했지만, 수컷 말은 눈 하나 깜짝 안 한다. 오히려 그럴세라 넘치는 활력을 자랑하고 있다. 윤기 흐르는 말들의 뛰어오르는 몸짓에서 날것 그대로의 생생한 자연이 느껴진다. '여기가 역사책에서만 보던 칭기즈칸이 말달리던 푸른 초원이구나! 생명력이 가득 찬 활활발발한 초원이요, 자유로운 대자연이구나!' 하는 생각에 감탄이 절로 나왔다.

한참을 더 달리자 점점이 보이던 구릉들이 어느새 바위산으로 다가왔다. 거북 모양의 바위산이었는데 그다지 높지는 않았지만, 기세가 좋고 웅장해 보였다. 초원에 맞닿아 있는 바위산 밑에는 유목민 천막 두세 개가 그림처럼 자리 잡고 있었고, 너른 바위가 높다랗게 서 있었다. 명상 수련하는 자리로 삼기에 좋아 보인다. 낮에는 초원을 내려다보며, 밤에는 별이 쏟아질 듯 반짝이는 이곳에서 수련을 하면 저절로 마음공부가 잘될 것만 같다.

마을의 경계 구역에는 돌무더기가 쌓여 있었고, 그 가운데에 나무 기둥을 세워 푸른색과 흰색 천을 묶어 놓은 것이 보였다. "오보(ovoo)"라고 부르는데, 지나가는 이들이 이곳에 경계를 통과하는 의식으로 돌이나 동전, 술 등을 올린다고 한다. 예전 우리나라의 마을 입구에 있었던 서낭당(마을을 수호하는 서낭신을 모셔 놓은 돌무더기)과 거의 비슷해 보여서, 특이하다는 생각보다는 오히려 친근

함이 느껴졌다.

숙소에 도착해서 짐만 풀고 바로 말을 타러 나갔다. 국내의 유원지나 제주도에서조차 말을 한 번도 타 보지 못했는데 몽골 현지에 와서 말을 타다니, 무척 흥분되고 설렜다. 들뜬 마음으로 말이 매어진 곳으로 가 보니, 7살짜리 어린 여자아이부터 노인까지 20여 명이나 되는 말 주인들이 기다리고 있었다.

우리 일행 대부분은 말을 처음 타는 사람들이었다. 어쩌면 조금은 무모하고 위험한 승마였다. 말 주인과 언어가 통하지도 않을뿐더러, 주의 사항이나 준비운동도 없이 곧바로 말을 탔기 때문이다. 가이드가 한마디 주의 사항을 준 것이 전부이다. 말은 사람이나 다른 동물들이 자기의 엉덩이 쪽에 있는 걸 두려워해서 뒷발질하니

▲ 테렐지 언덕 위에 서 있는 오보

까, 조심하라고 했다.

다들 조심스레 말을 탔는데, 처음엔 말 주인들이 앞에서 고삐를 잡아 주었지만 이내 각자 고삐를 잡고 몰았다. 말들이 길이 잘 들어서일까, 아니면 우리가 기마 민족의 후예라서 그럴까, 걱정보다는 모두들 말을 잘 탄다.

"츄우! 츄우!" 하고 말을 채근하는 큰 소리에 돌아보니, 후배 한 명이 신바람이 나서 목이 쉬도록 말을 달리고 있었다. 호탕한 웃음을 날리며 바람처럼 달려간다. 후배는 벌써 어디로 갔는지 보이지도 않고, 일행 한 명은 몽골의 어느 부족 족장처럼 느긋하게 말을 몰며 웃는다.

나도 고삐를 서서히 당겨 말을 몰았다. 언덕을 넘어서자 초원이 한눈에 내려다보인다. 일망무제(一望無際)의 끝없는 초원을 말 위에서 내려다보니, 옛 무사들의 웅장한 기상과 힘찬 기백이 어림짐작된다. 왠지 모를 용기에 흥분된다. 말을 채근하며 좀 더 빠르게 달렸다. 순간 가슴에서 호연지기가 터진다. 내 손아귀에 활과 창이 들려 있었더라면, 영락없이 고구려 무사의 기마 수렵도가 바로 이 모습이리라!

푸른 초원이 맞닿은 저 끝 하늘까지 달려간다.

말달려 간다.

시냇가도 한달음에 건너뛰고, 산 구릉도 거침없이 넘나들어,

사슴이며 노루며 야생의 짐승을 향해 활시위를 당긴다.

쏜 살이 전광석화처럼 날아가,

사슴 목덜미에 꽂혀 울컥하고 뜨거운 피를 쏟아 낸다.

말을 달려라! 흥안령 넘어서 해 뜨는 동쪽 바닷가까지!

다시 힘차게 서쪽으로 달려 시베리아 벌판을 지나 해 지는 서역까지!

달려가자. 말달려 가자!

고조선과 고구려의 무사들이 거친 숨을 몰아가며,

그렇게 가슴 벅차게 달렸던 것처럼!

달려가자. 말 달려가자!

_필자 作

끝없이 달릴 것만 같았던 말타기를 아쉽게 마치고, 숙소에 돌아와서 저녁을 먹었다. '허르헉'이라고 하는 양고기 바비큐였는데, 몽골에서는 귀한 손님이 오실 때 만들어 먹는 전통 양고기 찜 요리라고 한다. 양젖을 짜는 기다랗고 둥근 은색의 통에 양고기를 넣고, 그 배 속엔 주먹만 한 뜨거운 돌을 넣어서 골고루 익혀 나왔다. 주인이 그 돌을 하나씩 수건에 싸서 나눠 줬는데, 그 돌을 배에 대고 있으니 따뜻하고 좋았다. 고기도 비린내가 나지 않아서 먹을 만했다.

식사 후 숙소에서 멀지 않은 곳에 사는 유목민 게르를 찾아갔다. 오후에 말고삐를 잡아 주었던 여자아이네 집이었는데, 좁은 게르

▲ 말을 타는 필자

▲ 말을 타는 일행들

31

◀ 게르 숙소 외부 모습

◀ 게르 숙소 내부에서
필자와 아내

안에서 부부와 아이들 셋에 처남 부부까지 일곱 식구가 살고 있었다. 우리가 탄 말을 비롯한 소와 양도 키우고, 개와 낙타도 있었다.

　게르 안으로 들어가 보니 중앙에 장작 난로를 피우고 천장으로 연통이 나가도록 뚫어 놓았다. 출입문은 하나이고, 문과 마주 보이는 곳이 제일 어른인 가장(家長)의 자리라고 한다. 오른쪽은 여자들과 부엌살림 공간이고, 왼쪽은 나머지 남자들의 자리로 쓰는 것이 전통 생활 방식이라고 한다. 우리가 방문했을 때는 마침 저녁 식사 준비 중이어서, 그들이 막 끓여 놓은 양젖으로 만든 요구르트를 대접받았다. 걸쭉한 요플레 같았는데 설탕을 타서 먹어 보니 맛이 괜찮았다.

가장의 침대 머리맡에 작은 탁자가 하나 있는데, 거기에 조상의 사진을 모셔 놓고 향을 피워 놓고 있었다. 물그릇과 음식 한두 점이 놓여 있는 작은 접시가 있고, 지폐도 같이 올려져 있다. 끼니때마다 조상에게 먼저 음식을 바치고, 일상에서 늘 조상을 모신다고 한다.

이는 우리와 비슷한 풍습이다. 우리도 예전부터 집안에 사당을 짓고 조상을 모시는 풍습이 있었다. 아침저녁으로 참배하고, 먼 곳으로 외출하기 전에는 반드시 사당에 인사를 드리고 떠나는 전통문화가 있었다. 1970년대까지만 해도 마을 곳곳에서 흔하게 볼 수 있는 모습이었다. 오보를 통해서 보았듯이, 몽골과 우리가 같은 뿌리임을 나타내는 관습과 전통의례를 여러 곳에서 확인할 수 있었다.

같은 뿌리라서인지 주민들과도 서로 금방 친해졌다. 함께 웃으면서 이야기를 하다가 문득 안주인이 우리에게 선물로 주고 싶다며, 천막 문 앞에 꽂혀 있던 야크 꼬리털로 만든 깃대를 준다. 천막 앞에 걸어 두는 야크 꼬리털은 이곳 사람들에게도 구하기 어려운 것이고, 소중한 의미를 지니는 것이 분명할 것인데 고맙기도 하고 부담스럽기도 하였다.

관광지이기는 하지만 아직은 예전 우리네 인심과 같은 정이 남아 있다는 생각이 들어 마음이 훈훈해진다. 아이들과도 친해져서 장난도 치고 같이 기념사진도 찍었다. 마치 동네 친척 집에 놀러 온 기분이 들었다.

◀ 우리에게 선물하려고 야크 꼬리 털로 만든 깃대를 떼고 있는 유목민 안주인

◀ 왼쪽부터 일행과 몽골 아이들 5명, 필자의 아내, 맨 오른쪽이 가이드 뭉크

바이칼의 환영사,
무지개가 뜨다

2001년 6월 16일(토), 셋째 날.

바이갈호에서 가장 가까운 이르쿠츠크로 가기 위해서 새벽부터 서둘렀다. 오전 9시 30분쯤 울란바토르 공항에서 이르쿠츠크행 비행기가 이륙했다. 50명 정도 좌석의 작은 러시아 항공기였는데, 승무원도 한 명뿐이었다. 승무원은 중년의 러시아 여성이었는데, 키가 매우 커서 머리가 지붕에 닿을 것만 같았고 움직일 때마다 좁은 통로가 꽉 찼다. 큰 체구에서 오는 위압감 때문인지 아니면 옛 공산국가였던 소련에 대한 선입견 때문인지, 애당초 친절한 서비스 같은 건 기대를 하지 않는 게 좋겠다는 생각이 들었다.

게다가 갈수록 아슬아슬한 비행 여정이었다. 비행기가 고도를 높여서 올라가면 조종실로 연결되는 문이 저절로 열렸다가, 기체가 내려가며 기울어지면 큰 소리를 내며 닫혔다. 프로펠러 엔진 소리는 또 어찌나 큰지 귀가 아플 정도였다. 이러다 무슨 일이라도 생기는 건 아닌지 조마조마했는데, 다행히 잘 날아서 무사히 바퀴가 땅 위에 내려앉았다. 안도의 한숨이 저절로 나왔다. 생각만 해도 아찔한 항공 여행이었다. 이 글을 쓰는 지금도 울란바토르에서 이르쿠츠크행 항공노선이 여전한지 몹시 궁금하다.

오전 11시 반쯤 이르쿠츠크 공항에 도착했다. 입국검사대에 들어서자 분위기가 몽골과는 전혀 다르다. 체구가 큰 여성 검색원이 목소리를 높이며 한 줄로 서서 대기하라고 한다. 여권과 짐을 꼼꼼하게 검사하는데 자못 긴장감이 돌았다. 인원수가 많은 단체인 관계로 우리 일행이 제일 뒤에 남아서 검사를 받았는데, 특히 가지고 있는 미국 화폐의 액수를 작은 단위까지 다 적어야 했다. 사회주의 국가에 들어온 것이 실감 난다. 활주로에는 처음 보는 군용기도 여러 대 있었는데, 사진 촬영을 못 하도록 통제하고 있었다.

엄중한 검사대를 지나며 점점 긴장감이 커졌는데, 불과 50m를 걸어서 철제 공항 문을 빠져나오니 분위기가 확연하게 바뀌었다. 하얀 피부의 러시아 여성들이 금발 머리에 선글라스를 끼고, 배꼽티와 짧은 치마를 입은 채 거리를 활보하고 있었다. 푸른 눈과 금발의 젊은이들에게서 이국적인 정취가 물씬 풍긴다.

길가의 상점에는 코카콜라, 나이키, 맥도날드 등의 간판이 많이 눈에 띄는 것을 보니, 자본주의 시장경제가 꽤 들어선 것 같다. 광장 벤치와 시내 곳곳에서 눈에 띄는 걸인들과 생기발랄한 젊은 여인들의 모습이 왠지 사회주의 국가에 모순되어 보인다. 세계를 양분한 채 거대한 힘을 자랑하던 소련 연방의 사회주의 체제가, 이제는 지난 시대의 유물처럼 색이 바래고 쇠락해진 모습으로 이르쿠츠크의 시가지 곳곳에 우울하게 스며 있었다.

◀
이르쿠츠크 시내에서 필자

◀
이르쿠츠크 시내 전경

◄
시내를 달리는 전차

◄
상가 1층 모습

　가로수에서 꽃가루가 눈처럼 날린다. 너무 심해서 재채기가 계속 나왔다. 이 나무는 몇 십 년 전 소련에서 미국에 의뢰해서 추천받아 심은 나무라고 한다. 상록수이면서 생명력도 좋다고 해서 대대적으로 심었다는데, 우리가 보기엔 열매를 맺는 것도 아니고 목재로 쓰기에도 좋아 보이지 않았다. 솜 같은 꽃 씨방이 마치 포도송이 달리듯 가지마다 맺혀 있다가 바람에 풀풀 날린다. 이걸 왜 베어 버리지 않는 것인지 이해가 안 됐다. 구름이 낮게 내려앉은 날씨에 꽃가루마저 날려서 괜스레 기분이 무겁게 느껴졌다.

시간 여유가 있어서 상가를 구경하러 갔다. 작은 초등학교 운동장 정도 크기의 1층 광장에서 과일, 채소, 생선, 육류, 잡화 등 거의 모든 생필품이 거래되고 있었고, 2층에는 옷가게와 전자제품, 환전소가 있었다.

다시 버스로 10분 정도 달려서 '바이칼의 딸'이라고 불리는 "앙가라강(바이칼에서 시원(始原)한 유일한 강으로 이르쿠츠크를 동서로 가로질러 흐른다)" 주변에 있는 이르쿠츠크 박물관을 찾았다. 바이칼호 부근에서 발굴한 유물과 유적이 있다는데, 안타깝게도 내부 수리와 페인트 공사를 하는 중이라 들어갈 수가 없었다. 아쉬운 대로 기념품 가게에서 자작나무 공예품과 지도와 책을 사고 발길을 돌려야 했다.

전세버스를 타고 바이칼호수의 "알혼섬(Olkhon)"으로 출발했다. 그런데 흥미롭게도 버스에 '뉴모아 마트'라고 쓰여 있었다. 우리나라에서 중고차를 수입한 것이라고 한다. 러시아에 와서 한국 버스를 타고 이동하다니, 기분이 색달랐다.

버스에는 몽골에서부터 같이 온 가이드 뭉크와 여행사 사장인 블라디미르, 운전기사인 세르게이와 그의 부인이 같이 타고 갔다. 여행사 사장이 동승한 건 이례적인 일 같았다. 아마도 동양인들이 어떤 목적으로 바이칼을 여행 왔는지 궁금하기도 하고, 한편 그의 비즈니스를 위한 동행인 듯싶었다. 바이칼까지 가는 교통편은 직통

한글 상호가 쓰여
있는 전세버스

바이칼 가는 길
휴게소에서 러시아
청년들

버스가 없다는데, 휴게소마다 러시아 군용차를 개조한 작은 미니
버스들을 볼 수 있었다.

알혼섬은 면적이 730㎢로 바이칼호에서 가장 큰 섬이다. 여기서
부터 약 8시간 정도를 가야 한다. 가도 가도 끝없이 펼쳐지는 시베
리아 벌판, 이곳이 그렇게 수없이 말로만 들어왔던 시베리아다. 몽
골의 초원은 작은 산 구릉들이 펼쳐져 있어서 친화감이 들고 원만
한 느낌이었는데, 시베리아는 끝없이 넓으면서도 거칠고 막막해서

왠지 모를 고독감마저 든다.

시베리아(Siberia)는 '사이베리아'라고도 불린다는데, 그 뜻은 '빈 공간'이라는 의미라고 한다. 그 말을 듣자 불현듯 봉우 선생의 말씀이 떠올랐다. "시베리아가 원래 다 우리 땅이었어요. 거기가 추우니까 사람이 안 살고 점점 밑으로 내려와서 빈자리가 된 거지, 언제 누가 싸워서 이기고 진 것도 없고, 차지한 날짜도 없이 그냥 저들이 들어가서 살았던 거예요. 우리가 남북통일만 되면 중국 동북삼성(東北三省: 길림성, 흑룡강성, 요녕성)의 고구려 영토는 자연스럽게 우리 손에 들어오고, 몽고와 바이칼까지 나가게 됩니다."라는 말씀이었다.

역사적 사료에 의하면 바이칼 유역은 칭기즈칸이 들어온 13세기 이전부터 몽골족이 살고 있었고, 17세기에서야 러시아인이 들어오기 시작했다고 한다. '바이칼(Baikal)'이라는 지명 자체도 현지인들에 의하면, 몽골의 족장 이름에서 근거한 것이라고 한다. 선생의 말씀과 역사적 근거가 맞아 들어가고 있어서 기대감이 커졌다.

알혼섬으로 향하는 버스 창밖을 보니 2차선 차도가 일직선으로 쭉 뻗어서, 저 끝 하늘 위로 닿아 있었다. 양쪽 옆에는 산도 없이 펼쳐진 광야가 둥근 지평선에 가 닿아 있었다.

전후좌우로 끝없이 펼쳐진 광야의 중앙 한가운데, 툰드라 검은 토양의 흙 위로 2차선 비포장 길이 저 뒤쪽 지평선 끝에서, 저 앞쪽 지평선 끝 하늘에 직선으로 닿아 있다. 그 길을 아무리 둘러봐

무지개 앞에 선 필자. 사진 상태가 좋지 않지만, 의미 있는 사진이라 첨부했다.

도 우리 일행이 탄 버스만이 달려가고 있다.

마침내 그렇게 홀로 달려가는 버스 위로, 하늘은 점점 어두워지다가 이내 세차게 비가 내린다. 시베리아의 툰드라 대지 위로 검은 비가 쏟아진다. 천둥소리에 이어 와지끈 번개가 내리꽂히고, 버스 위로 뇌전이 친다. 그 빗속을 뚫고 들어가는 것이, 마치 성지를 통과하는 장엄한 세례(洗禮) 의식 같다. 수천 년 잊혀 왔던 민족의 시원지를 찾아가는 후손의 앞길에 하늘이 내리는 성수(聖水)이리라.

뇌전과 폭우 속을 세 시간쯤 달려서 빠져나오니, 비가 그치고 쌍무지개가 떴다. 그 광경에 절로 환호가 터졌다. 세례의식 뒤에 걸린 쌍무지개라니! 하늘이 우리에게 베풀어 주시는 멋진 환영의 퍼포먼스였다. 버스에서 내려 한껏 기지개도 켜고, 이 땅을 한 걸음씩 걸어가며 숨을 한껏 들이마셨다가 내쉬어 본다. 북방의 대평야에서 불어오는 바람을 음미하며 단전에 깊숙이 담아 본다.

비가 그친 뒤의 시베리아 평야에는, 백양나무와 자작나무가 군락을 이루며 시원하게 쭉 뻗어 있었다. 하얀 눈이 내리는 겨울이면 눈이 시릴 것 같다. 몽골초원이 부드러운 초록빛 카펫이었다면, 여기 알혼섬으로 가는 시베리아 평야는 보라색·노란색·흰색의 들꽃들로 수를 놓은 무지갯빛 카펫이다. 내 발끝에서 저기 하늘까지 끝

◀
바이칼 가는 길에
핀 야생화

◀
바이칼 가는 길에
자작나무 아래에서
필자와 아내

▲ 바이칼 가는 길 툰드라 지역 초원의 방목하는 소떼

이 보이지 않게 깔려 있다. 신성한 한배검의 하늘나라로 가는 길에 무지개 카펫이 깔려 있고, 내가 귀한 손님인 양 그걸 밟고 올라간다니, 정말 환상적이다.

다시 버스에 올라 달리는데 갑자기 일행인 동국내학교 윤명철 교수가 버스를 세웠다. 바이칼에 거의 다 와서 도로 옆 능선에 옛 무덤으로 추측되는 돌무더기가 보였기 때문이다. 고구려 유역 역사 탐험을 많이 했던 윤 교수가 뛰어가서 필자도 따라 올라가 보았다. 윤 교수에 의하면 이 지역에서 옛 무덤이 발견된다면, 분명 고조선 이전의 유적일 가능성이 크다고 한다. 아쉽지만 그 가능성을 확인한 것으로 만족하고 후일을 기약하며 버스에 올랐다.

창밖의 돌무더기를 바라보며 '이래서 밝아진 뒤에 와야지만 제대로 볼 수가 있구나.'라는 생각이 들었다. "정신 공부가 성취돼서 전문 학자들과 함께 우리 옛 상고(上古) 지역인 바이칼 유역을 한번 다녀 보세요. 밝은 눈으로 보면 수많은 선조의 흔적들이 그대로 묻혀 있어요." 하시던 봉우 선생의 얼굴이 떠올라서 내심 속상했다. 하지만 순서를 바꿔서 '먼저 다녀 보고, 나중에 밝음을 얻은 뒤에 다시 오는 것 또한 큰 공부가 되겠지.' 하고 위안을 해 본다.

누군가 "갈매기다!" 하는 소리에 상념을 접고 바라보니, 바이칼 호는 보이지도 않는데 갈매기 여러 마리가 평야에 내려앉아 있다. 담수호에 사는 갈매기를 보다니 어리둥절했다. 이곳 바이칼에서 가장 가까운 바다인 흑해가 3,220㎞나 떨어져 있다는데, 이곳에는 갈매기뿐만 아니라 '네르파'라는 물개도 살고 있다고 한다. 이것이 바로 바이칼의 신비감인가, 점점 흥분이 벅차올랐다.

▲ 옛 무덤으로 추측되는 돌무더기

드디어 멀리서 바이칼호수의 수면 한 자락이 눈에 들어오기 시작한다.

"바이칼이다!" 누가 먼저랄 것도 없이 다들 들떠서 소리쳤다.

내가 바이칼을 대하고 처음 받은 느낌은 바다처럼 넓은 모습에서 숨이 턱 막힐 듯한 압도감이다. 그다음으로 석양빛을 받은 바이칼의 몽환적인 아름다움이 우리 눈앞에 펼쳐졌다. 갈매기가 끼룩거리며 날고 있고, 물결은 깊은 에메랄드 바다색처럼 파랗게 철썩이고 있다. 저 멀리 물안개가 서서히 피어난다. 바이칼의 수면은 석양빛을 받아서 오색의 아름다운 색을 물들이고 있다. 그 물결 위로 오색 무지개가 아른거린다.

이는 분명 바이칼 신(神)의 환영 아치이리라! 신비롭고 아름다워서 마치 술에 취한 듯, 꿈을 꾸는 듯하다. 말로는 표현할 수 없는 감동이 밀려들었다. 이 세상에 절대적인 신비와 아름다움이 있다면, 그것은 한마디로 '바이칼'이다.

▲ 물안개가 피어오르는 석양의 바이칼호수

▲ 바이칼의 물안개와 석양

성스러운 호수에서
몸과 마음을 씻다

2001년 6월 17일(일), 넷째 날.

바이칼호수의 아침은 한 폭의 명화와도 같았다. 크리스털 알갱이 같은 햇살이 알알이 반짝이며 부서지고, 물안개가 긴 띠를 두른 백조처럼 뽀얗게 수면을 두르고 있다. 저기 한쪽에서는 소와 양 떼가 한가로이 풀을 뜯고 있다. 자연이 만들어 주는 최고의 명작이다. '자연(自然)'의 사전적인 의미는, 사람의 힘이 더해지지 않고 스스로 존재하거나 우주에 저절로 이루어지는 모든 존재나 상태를 뜻한다. 나는 그저 아무것도 하지 않고 그저 숨만 쉬며, 자연 그 일부가 되었다.

나는 속으로 '태고의 밝음과 신비스러운 기운을 자아내며 2500만 년 유구한 역사와 인류문명의 시원을 간직해 온 성스러운 호수 바이칼이여!'라고 읊조렸다. 그리고 합장하며 바이칼호수를 향해 경

▲ 바이칼호수의 아침

▲ 바이칼호수에서 한가로이 풀을 뜯는 양

의를 표하고, 한 움큼 떠서 마셔 보았다. 물맛이 담백하면서 시원하다. 비리지도 않고 텁텁하지도 않고 맛있다. 과연 청정한 담수호다웠다.

시리도록 맑아서 작은 돌까지 다 보이는 그 물을 떠서 세수했다. 그런데 오므린 두 손안에 아주 작고 투명한 새우가 담겨 올라왔다. 자세히 물속을 들여다보니 수없이 많았다. 바이칼의 민물새우였다. 「내셔널지오그래픽」지(誌)에서 살펴보았는데, 바이칼에는 고유생물이 1,500종이고 52종의 물고기와 250종 이상의 민물새우가 산다고 한다. 그중 '에피슈라 바이칼렌시스'는 아주 작은 갑각류 새우로, 해조류와 박테리아를 걸러내서 바이칼을 정화해 준다고 한다. 어느 정도인가 하면, 물의 순수도를 측정하기 위해서 비커에 담으면, 오히려 비커 유리가 물을 오염시킬 정도라고 한다. 한마디로 최상의 사연 정수 필터인 것이나. 이러한 정화 능력과 너불어 바이칼 여름철 평균 수면 온도가 5℃인데, 이러한 차가움이 수질의 변질을 막는 비법이라고 설명하고 있다.

바이칼은 세계 최고 최대의 담수 호수로, 나이가 1600만 년에서 2500만 년까지 거슬러 올라가고, 길이가 635㎞, 폭이 80㎞, 깊이가 1,637m나 된다고 한다. 면적이 3만 제곱미터가 넘어 남한 면적의 3분의 1가량 된다. 세계 민물의 20%, 식수의 80%를 담고 있으며, 더는 유입되는 물이 없이 지금 있는 물만으로도 인류가 40년은 먹을 수 있다고 하니 실로 엄청나다. 이 신성한 물을 한국에 가져

가려고 보온병에 한가득 담고, 주변에 흙도 한 줌 퍼 담았다.

그런데 옆에 있던 일행이 "바이칼에 발을 담그면 5년 젊어지고, 물속에 몸을 담그고 수영하면 10년은 젊어진다."라는 이곳 속설을 들었다며, 갑자기 옷을 벗고 호수에 뛰어들었다. 그 말에 너도나도 옷을 벗는다. 필자도 서둘러 옷을 벗고 뛰어들었다. 그런데 물이 어찌나 차가운지 숨이 턱 막히고 심장이 따가울 지경이었다. 뼛속까지 시린 차가운 한기에 놀라서 화들짝 몸을 일으켜 세웠다.

물 밖으로 한 발을 빼려는 찰나에 누가 또 "한 번 들어가면 정신 공부 1계요, 두 번 들어가면 정신 공부 2계는 간다!"라고 소리친다. 그 말에 괜한 호기가 생겨서 크게 기합을 넣으며 다시 뛰어들었다. 입으로 코로 물이 들어가서 정신이 없었지만, 이를 악물고 버텼다. 기왕이면 삼국지의 제갈공명이 성취했다는 4, 5계쯤 올라갔으면 하는 바람에 계속 버텼는데, 혼자 생각에도 웃음이 났다.

아내는 바이칼에 입수하는 걸 미리 알기라도 한 듯이, 어느새 수영복으로 갈아입고 아직도 물속에서 수영하고 있다. 가까이 다가가 보니 턱을 덜덜 떨면서도 버티고 있다. '물이 차갑지도 않나, 아니면 정신 공부에 욕심이 나서 그러려니' 하고 혼잣말을 하며 빙그레 웃어 본다.

한바탕 바이칼 물속에 들어갔다가 나오니 몸에서 열기가 후끈하다. 단전 깊숙한 곳에서 뜨거운 것이 울컥 솟아오른다. 몸 안을 한 바퀴 돌아, 마치 몸과 마음의 때가 다 벗겨지고 깨끗한 영혼이 되

▲ 바이칼에서 수영하는 필자의 아내

어 순환하는 느낌이다. 우리 민족 시원의 조상들이 정신과 육체를 정화하던 물에서, 시공을 초월하여 같은 호수에 영혼을 담그고 머릿골에 밝음을 채우는 세례(洗禮) 의식을 치른 것 같다.

　인간 세상에서 때 묻은 사사로운 욕망과 죄과들을 모두 이 호수 물에 씻어 내리고, 태고의 한배검님 밑에서 지감·조식·금촉을 배우던 시간의 나로 돌아가고 싶다. 그리하여 순수하고 밝은 영혼으로 정화되어, 그 밝음과 평화를 이 땅에 다시 재현하고 싶다.

　오, 위대한 바이칼의 수호신 부르칸 신(神)이시여!

　수천만 년을 청명하고 순수하게 간직해 온

　그 신성한 정기(精氣)로써,

우리의 몸을 맑게 씻어 내리소서!

그 투명한 신비로움으로,

우리의 영혼을 흰 눈처럼 시리도록 씻어 내소서!

그리하여 그 그윽하고 잔잔한 호수에 비치는 따사로운 태양처럼,

태고(太古)의 밝음으로 다시 일어서게 하소서!

_필자 作

불칸 신(神)과
단군 임금

알혼섬은 바이칼호 안에 있는 27개의 섬 중에서 가장 큰 섬이라는데, 예부터 전통 샤먼 신앙의 중심지였다고 한다. 그중에서도 불칸 바위는 바이칼 정기의 핵심이다. 불칸 바위는 가장 신성한 장소로 샤머니즘 의식이 행해지던 곳이며, 99명의 신이 모이는 신들의 궁전으로 전해지고 있다.

브리야트 민속 신앙에 의하면 이 세상에는 99명의 신이 있는데, 그들은 55명의 선(善)한 신과 44명의 악한 신이다. 그중에서 13번째 선한 신이 바로 이 불칸 바위에 산다고 한다. 이곳은 여자나 외부인들은 함부로 들어올 수 없는 '소도(蘇塗)' 같은 장소였다가, 레닌 혁명 이후부터 개방되었다고 한다. 소도란 '솟대'·'솔대'라는 말에서 비롯되었는데, 제의(祭儀)가 행해지는 신성한 지역으로서 삼한시대 천신(天神)에게 제사를 지낸 성지를 지칭하는 곳이라고 전해진다.

소도에는 큰 나무를 세우고 거기에 방울과 북을 매달아 놓고 제사를 지내는데, 죄인도 그 구역 안에 들어가면 돌려보내지 않는 특별한 장소이기도 하다. 오래전 중·고등학교 역사교과서에서 배운 우리 민족의 전통문화를 이곳에서 실제로 접해 보게 되다니, 정말로 견학을 온 것이나 다름없다는 생각이 들었다.

알혼은 이 지역 말로 '메마른 섬'이라는 뜻이라는데, 실제로 호수 한가운데에 있는 섬이지만 강수량이 매우 적고, 바람이 시속 160㎞로 불어서 겨울에는 눈이 쌓일 틈도 없이 휩쓸려 날린다고 한다. 바이칼은 풍요로운 호수로 불리지만 아이러니하게도 그 중심에 있는 알혼섬은 메마른 곳이었다. 신을 지키는 신장이 그 메마름과 매서움으로 이 성스러운 곳을 지키는 건 아닐까 하는 상상을 해 보았다.

불칸 바위는 "그루지야(Gruziya)" 마을 뒤쪽에 있었다. 언덕 위에서 바라보니 파랗게 일렁이는 호수 속에 붉은색의 용머리를 가진 두 개의 바위가 우뚝 솟아 있었다. 하얗게 반짝이는 조약돌이 그 아래에 띠를 둘러서 불칸 바위 전체를 돌아 길을 내고 있었다. 마치 세상의 불순한 모든 것들을 막아 내는 경계 구역인 것 같았고, 그것은 눈이 부실 정도로 밝게 빛나, 신령스러운 기운마저 뿜어내고 있었다. 불칸 신(神)을 만나려면 저 희디흰 조약돌을 밟으며 영혼을 정화해야 함이리라.

그는 과연 어떤 신일까? 신성함을 간직하기 위해 사람의 발길이 닿지 않는 시베리아 벌판 한가운데에 자리하고, 또 그 광야마저도

▲ 불칸 바위 전경

통과하고서 다른 생명의 접근을 금지하는 세계 최대의 바이칼호수를 건너야 한다. 바이칼호수 안 섬 속에서도 흰색 조약돌로 신성을 갈무리하고 있는 불칸 바위이다. 그 하얀 불칸 바위에 무지개가 걸려 얼음이 덮이고 흰 눈이 흩날리면, 그 순수의 정령이 살아 움직여서 신화 속 태고(太古)의 세계를 다시 여는 그 불칸 신은 과연 누구일까? 만나 보고 싶다.

바이칼의 수호신은 "불칸 신(神)"이라고 전해지는데, '불'은 밝음의 의미가 있다. '칸'은 '한'이기도 하며, 이는 칭기즈칸처럼 왕을 뜻한다. 나는 이것을 우리의 고어(古語) 방식으로 풀이해 보았다.

[불칸 → 불흔 → 부르흔 → 붉흔 → 밝은 임금]

발음 그대로 풀어 보니 '불간신'이 바로 '단군 임금'과 같은 의미의 이름이었다. 국어 음운학적인 측면에서 '붉·불·단(檀)·흔·大·白'은 태양과 밝음을 뜻하며, 우리의 부족 설화나 기원 신화에 반드시 등장하는 단어이다. 1925년 최남선(崔南善) 선생이 일제의 식민사관(植民史觀)에 대항하여 한국고대문화의 세계사적 위치를 밝히려고 전개한 「불함문화론(不咸文化論)」도 여기에서 비롯된 것이라는 생각이 들었다.

바이칼에서 현재까지 전통을 계승하며 살아가고 있는 샤먼도 몽골족인 브리야트인이라고 한다. 샤머니즘 의식 또한 우리의 천지인(天地人) 삼재(三才)를 받드는 전통의식과 비슷했다. 하늘과 땅과 사람, 곧 이 세상 존재의 가장 중요한 요소를 삼재라고 한다. 불칸 바위 앞에 서 있는 신목(神木)이 바로 그것인데, 커다란 나무에 흰색과 파란색 천을 둘러서 나쁜 액을 물리치고 신성을 보호하고 있는 것이라고 한다.

우리나라 서낭당의 솟대에도 파란 천과 하얀 천을 두른다. 파란색은 하늘을 상징하고, 하얀색은 밝음을 상징해서 이는 곧 우리 민족의 순수성을 의미한다고 할 수 있다. 솟대의 나무는 당간지주와 같은 것으로 몽골의 오보(ovoo)이며, 땅을 상징한다. 이처럼 전통적인 상징 요소들, 즉 우리나라 서낭당과 몽골의 오보와 이곳 바이칼의 신목이 거의 똑같았다.

▲ 불칸 바위 앞에 서 있는 신목 ▲ 샤먼들의 기도터에 있는 바위와 나무. 흰색, 붉은색, 초록색 천을 매어 놓았다.

우리 일행은 이번 우리의 역사철학 답사를, 하늘에 고(告)하는 제
(祭)를 올리기 위해 적절한 장소를 살펴보았다. 그러다 한 천연 동
굴을 발견했는데, 서쪽 입구는 넓고 남쪽 입구에서 하늘이 빼꼼
히 보이는 좁은 동굴이었다. 윤 교수에 의하면 이런 동굴은 전통적
으로 의식을 치르는 장소로서 최고라고 한다. 신화에서처럼 천장
이 뚫려 있어야 신들이 해와 별을 타고 내려올 수 있는 것이라고 한
다. 또 동굴의 천장은 당연히 사람이 드나드는 입구와는 구분되어

◀ 바위 안에 새겨진 암각화

◀ 불칸 바위 속의 천연
동굴 입구

야 한다고 했다.

불칸 바위 곳곳을 둘러보다가 고대 몽골어의 상형문자가 새겨진 동굴을 찾았으나, 제를 올리기에는 좁아 보였다. 다시 언덕으로 올라와서 조망이 좋고 제단처럼 생긴 평평한 곳에 장소를 정했다.

일행 모두 경건하게 겨레 얼의 시원지인 성스러운 호수 바이칼의 신을 기리며, 잃어버린 역사의 뿌리를 찾고, 민족의 기상과 숭고한 정신문화가 다시 밝게 재현되는 계기로 삼기 위해 성지순례 왔음을 고(告)했다. 아울러 봉우 선생의 뜻을 받들어서 남북통일을 이루고, 나아가 세계 평화와 대동장춘(大同長春) 세계의 실현이 속히 이루어지길 기원했다.

지도도표에서
확인한 역사의 진실

불칸 바위에서 돌아오는 길에 박물관을 방문했다. 이 작은 섬마을에 알혼섬의 역사박물관이 있다는 말을 듣고 무척 흥미가 갔다. 휴관이었지만, 우리 일행은 박물관장을 찾아가 관람을 요청했다. 박물관은 이르쿠츠크시(市)에 소속된 공식 박물관이라고 한다. 관장은 그 마을의 중학교 교장 선생님이었는데, 예순 살은 되어 보이

▶ 박물관 외부 모습

왼쪽부터 일행, 박물
관장, 필자

는 러시아 여성으로 이름이 '리트미너바'였다.

  박물관은 나무판자로 된 집으로 규모가 아담했는데, 안에 들어
가 보니 꽤 다양한 전시품이 있었다. 바이칼에서 서식하는 동식물
과 어패류를 비롯한 원주민이 사용했던 생활 도구, 의류, 수렵 도
구와 사먼들이 의식에 사용했던 집기들이 있었다. 석기시대 유물
이 있는 걸 보니 알혼섬과 바이칼의 오래된 역사가 한눈에 와 닿았
다. 13세기 칭기즈칸 병사들의 유물도 있었다. 화살촉 등의 무기
가 있었는데, 아마 예전에 이곳을 정복했을 때 쓰인 것 같았다.

  그 가운데 "말 매는 나무(세르게)"가 눈길을 끌었다. 이는 몽골족
들이 집마다 나무 기둥을 깎아서 천을 매어 놓았던 것으로, 집안의
복을 빌고 액을 물리치는 주술적인 의미가 있다고 한다. 단순히 말
을 매는 말뚝이 아니라, 모든 생명을 상징하는 것으로서 반드시 성
스러운 장소에 세워야 하는 신목(神木)이다. 여기에 하늘을 뜻하는

◀

석기시대 유물

◀

칭기즈칸 병사의
유물

◀

말 매는 나무(세르게)

파란 천과 밝음과 깨끗함을 뜻하는 하얀 천을 매어서, 하늘을 공경하고 지혜와 밝음을 사랑한다는 걸 표시한다고 한다.

윗부분만 3단으로 깎은 모양이 특이했는데, 3단의 제일 위쪽 마름모 모양은 하늘 세계를 뜻하고, 중간의 컵 모양은 인간 세계를, 맨 아래는 중간과 같은 모양으로 땅의 세계를 뜻한다고 한다. 또 기둥 옆에는 목(木)에 해당하는 고목나무, 화(火)의 풀 가지, 토(土)의 바위, 금(金)의 쇠로 만든 말 장신구, 수(水)를 뜻하는 그물을 놓는 등, 다섯 가지의 상징물을 모아 놓았다. 이는 천지인(天地人) 삼재(三才)와 오행(五行)으로, 동구 밖에 장승을 깎고 천 조각이나 흰 종이를 매는 우리의 민간풍속과 다름이 없었다. 너무나 친근하고 똑같은 의미에 신기하고 놀라웠다.

▲ 알혼섬 박물관에 걸려 있는 몽골리안 이동 경로 연구 도표

여러 가지 생각이 스치는 순간, 눈이 번쩍 뜨였다. 입이 다물어지지를 않았다. 입구에 걸어 놓은 세계지도에 바로 내가 찾는 중요한 사실이 표시돼 있던 것이다. 오~!

이 도표는 1975년 "미국·소련 공동 학술 연구단"이 알혼섬을 조사한 뒤, 바로 이 알혼섬에서 퍼져 나간 몽골리안의 이동 분포도를 그려 놓은 것이라고 한다. 바이칼을 기점으로 몽고·한국·일본·중국·태국·인도·호주·노르웨이·아일랜드·아틀란스·안데스·북아메리카 등을 직선으로 연결해서 표시해 놓았다.

박물관장에 의하면, 당시에 미국인 조사단장이 "세계 여러 민족의 원류가 알혼섬에서 비롯됐다."라고 주장했다고 한다. 또한, 불칸 바위의 동굴에서 구석기 유물들과 약 7천 년 전으로 추정되는 고대의 인골이 발견되었는데 이 또한 몽골리안의 유골로 밝혀졌다고 한다.

미국 학자들의 연구 결과에 의하면, 알래스카의 원주민들이 이곳 알혼섬에서 건너간 것으로 밝혀졌고, 또 그들이 자신들의 시원을 찾아서 이곳을 방문하기도 했다고 한다. 또한, 박물관은 "5세기에서 6세기경에 쌓아진 성벽이 지금도 바이칼 둘레에 남아 있는데, 이는 코리족이 투루크족을 몰아내면서 쌓은 것이다."라고 말했다. 필자는 그 말을 듣고 북부여나 고구려의 진출 가능성을 떠올렸다.

와우! 참으로 놀랍고 신기하고, 믿을 수 없을 정도로 고마운 자료였다. 이곳 박물관의 연구 조사에 대한 설명에 따르면, 분명 한 배검께서 바로 이 바이칼에서 인류문명을 열었고, 전 세계로 전파되어 나아갔다는 사실을 내 눈으로 직접 확인하고 있다. 우리나라 사람이나 몽골인들의 연구 조사 결과라면, 어느 누가 이러한 사실에 신뢰할 수 있을 것인가? 그렇지만 미국과 러시아의 공동 조사 연구 결과를 지금 여기서 우리가 역사적 사실임을 확인하고 있는 것이다.

러시아어도 모르고 통역의 미숙함 때문에 미국인 조사단장의 이름조차 흘려들었지만, 이 한 장의 지도도표가 오래도록 발길을 붙잡았다. 박물관을 입장할 때 입장료와 사진 촬영비를 따로 냈지만, 그 어떠한 것보다도 값어치가 나가는 소중한 자료를 얻었기에 아깝지가 않았다.

이곳의 지명과 민간신앙, 발굴된 유적·유물들, 그리고 바이칼의 생성연대가 너무나 많은 사실이 일치함을 입증하고 있다. 다시 한 번 봉우 선생의 말씀이 되새겨졌다. 바이칼은 신화(神話)나 전설이 아니라, 우리 민족의 역사이자 진실이고 팩트(fact)였다!

바이칼 샤먼과
밝음을 노래하다

알혼섬에서 가장 유명하다는 샤먼을 만나기로 했다. 그의 브리야트 이름은 '발렌틴 크하그다예프'인데, 우리말의 의미는 '소망'이라고 한다. 그는 예언하고 병을 고치며 길흉을 점치는 샤먼이지만, 그저 단순한 샤먼이 아니라 샤머니즘과 불교, 기독교를 연구하고 석사 학위를 지닌 엘리트였으며 마을의 최고 지도자였다.

체구가 건장한 그가 긴 머리를 질끈 동여매고 서글서글한 웃음을 띠며 등장했다. 의식 때 입는 붉은 옷을 입고, 북을 잡고 나섰다. 바이칼이 잘 보이는 언덕으로 올라가 터를 잡다가 마침내 고사목 한 그루가 멋들어지게 서 있는 곳에 자리를 잡았다. 그리고 자작나무 장작을 쌓아 놓고 불을 붙인다. 이는 세속의 더러운 것을 태워 버리고 바이칼의 맑은 영(靈)을 부르기 위한 것이라고 한다. 모닥불을 가운데 두고 다들 둥글게 둘러앉았다.

맨 오른쪽 붉은 옷을 입은 사람이 샤먼 발렌틴

샤먼의 이야기에 귀 기울이는 일행들

발렌틴이 둥둥 북을 치며 주문을 읊었다. 그런 다음 사방에 절을 올렸다. 다시 사방에 우유를 뿌리며 바이칼의 영들을 불러 모은 다음에, 북채로 치면서 춤을 췄다.

"두둥 둥 둥 두두둥!"

바이칼의 하늘에 북소리가 울려 퍼진다. 발렌틴이 북을 치며 경건하게 손을 들어 올려 춤사위를 뿌리기 시작한다. 덩실덩실 사방을 향해 펼쳐 내며 신들을 불러 영접하고 갈무리한다. 이윽고 북소리가 점점 잦아들며 그가 춤을 멈추고 낮은 목소리로 노래를 읊었다. 아름다운 자연을 축복하고, 하늘을 노래하고, 대지를 노래하고, 영웅을 노래했다.

발렌틴이 노래를 읊기 시작하자, 우리도 어느새 바이칼의 신령한 기운이 내린 듯 얼굴이 조금씩 붉게 물들어 갔다. 자작나무 장작이 탁탁 소리 내며 타올라 사방에 붉은빛을 뿌려 냈다. 검붉게 채색된 호숫가 언덕은 마치 정지된 공간인 양 묘한 기운에 휩싸여 가고, 그 적막 속에서 샤먼의 주문이 노래처럼 나지막이 반복되어 울려 퍼져 갔다. 분위기가 한껏 무르익자 발렌틴이 우리에게 강강술래처럼, 모닥불 주위를 둥글게 돌면서 춤을 추자고 한다.

우리는 다 같이 손잡고 춤을 추며 노래를 따라 불렀다. "아이두세 요로고, 아이두세 헤이블라"를 반복해서 불렀다. '아이두세'는 바이칼호수에 살던 부족 여자의 이름인데, 기도를 많이 해서 승천했다는 전설 속의 주인공이다. '요로고'는 노래 부르고 춤추는 것을 말하며, '헤이블라'는 승천했다는 의미라고 한다.

"아이두세 요로고, 아이두세 헤이블라"
아이두세가 춤추며 노래했네
아이두세가 승천을 하였네
텡그리(하늘)의 사랑을 노래하세

▲ 하늘의 별을 가리키는 샤먼 발렌틴

▲ 발렌틴 샤먼과 함께 춤추며 노래 부르는 필자와 일행들

대자연의 아름다운 축복을 노래하세

베이쿨의 풍요로움을 노래하세

그 옛날, 아주아주 먼 옛날

베이쿨에 불칸이 살았다네

크고 밝은 불칸은 노래했네

베이쿨[3]의 풍요로움을 찾아온 다섯 민족[4]에게

텡그리의 사랑을 노래하고

대지의 자애로움을 노래하고

서로의 평화와 사랑을 노래했네

불칸이 노래했네

베이쿨에서 노래했네

다섯 사람에게 다섯 가지로 노래했네

베이쿨을 노래하세

크고 밝은 불칸을 노래하세

아이두세 요로고

아이두세 헤이블라

이 노래는 발렌틴이 부르는 노래를 가이드가 통역해 줘서 받아

---

3 베이쿨: 이 지역의 브리야트인들은 바이칼을 '베이쿨'이라 부르는데, 이는 '물고기나
   새 등이 풍부한 호수'라는 뜻이다.
4 다섯 민족: 한배검께서 교화시킨 오색인종(五色人種)이라 추측된다.

적은 가사인데, 몇 군데는 연결이 안 돼서 필자가 임의로 연결 지었다. 가이드에게 보여 주니 전체적인 의미와 뜻은 다르지 않다고 한다.

노래를 다시 음미해 보면, '아주 먼 옛날 바이칼에는 크고 밝은 불칸(부르한, 밝은 임금)이 살았는데, 다섯 사람이 찾아와서 다섯 가지로 사랑과 평화를 노래했다. 이를 깨달은 후손 아이두세도 사랑과 평화의 노래를 불러 마침내 승천했다.'라는 내용이다. 이는 제의(祭儀)와 정치가 하나인 제정일치 시대의, 전지전능한 왕이던 샤먼이 수천 년 동안 바이칼을 지키며, 그를 찾아오는 사람들에게 사랑과 평화의 노래를 전해 주는 것이라는 생각이 들었다.

춤과 노래가 끝나고 다시 둘러앉아 발렌틴과 대화를 나눴다. 그에 의하면 샤먼에게는 아홉 단계의 등급이 있는데, 그는 현재 다섯 번째 단계에 있다고 한다. 동양의 대부분 종교나 학문에서 그 성취의 경지를 논할 때는 9단계로 나누어 평가한다. 9는 모든 숫자의 최고 단계이기도 한 것이다. 동양 최고 학문인 주역의 괘효도 9에서 마치듯이, 동양에서 10은 1부터 9까지와는 다른 차원을 가리키는 숫자 개념인 것이다. 그런 점에서 이곳 샤먼의 전통 문화도 우리와 같다는 것에 귀가 번쩍 뜨였다. 발렌틴이 다섯 번째 등급이라면 그는 꽤 높은 능력을 지니고 있을 것 같다.

발렌틴은 그의 가족사에서부터 그를 찾아오는 사람들, 사람이 죽으면 어디로 가는지 등등, 다양한 이야기를 들려주었다. 일행 중

일부는 마치 점을 치듯이 발렌틴에게 현재나 미래를 묻기도 했다. 그가 몇몇은 손금을 봐주었는데, 의외로 잘 맞아서 보는 사람마다 고개를 끄덕인다.

아내도 손금을 보았는데 성격, 조심해야 할 병, 자식의 유무 등 열에 여덟은 맞았다. 그리고 우리 일행들에게 공통으로 "물을 뿌리면서 사방에 기도하라."는 말을 해 준다. 아마도 정신을 맑게 하기 위한 의식 같았는데, 우리 일행 대부분이 마음공부를 하는 사람들이라서 그런 조언을 해 준 것 같다.

그의 이야기에 빠져 시간 가는 줄 모르는 사이, 호수는 어느새 석양이 잦아들고 있었다. 바람기 한 점 없는 바이칼호수에 시나브로 검붉은 적막이 내린다. 그 환상의 정적 사이로 십으로 돌아가는 작은 고깃배 한 척이 물살을 가르며 지나간다. 이내 하늘에는 하나둘씩 별이 총총 뜨고 은하수의 향연이 길게 펼쳐진다.

하늘의 보석인 양, 호수 위에 내려앉아 빛나는 별을 바라보았다. 아내와 바이칼에서의 아쉬운 마지막 밤을 이야기하다가 숨을 가다듬어 본다. 바이칼의 신성한 밤의 정기가 내 몸 깊숙이 들어온다. 나는 언덕에 자리를 잡고 앉아 숨을 가늘고 고르게, 들이마시고 내쉬기를 반복했다.

바이칼의 정기를 호흡하고 싶다.

몇 백 년 몇 천 년을 거슬러 올라

이 땅에서 살던

이 호수에서 물고기를 잡고 살던

그 밝은이들과 함께 숨 쉬고 싶다.

그리하여 이곳에서 그림자 없는 빛을 비춰 주던

크고 밝은 부르칸을 만나 보고 싶다.

마침내 그 큰 빛을 얻어

이 맑은 호수에서 노래하며 춤추고 싶다.

그리고 언제인가 찾아올 다섯 사람에게

다섯 가지로 사랑과 평화의 노래를 들려주고 싶다.

_필자 作

▲ 바이칼의 야경과 밤배. 검은 점처럼 보이는데 자세히 보면 밤배이다. 오른쪽에
희미하게 보이는 것은 언덕에 서 있는 사람의 모습이다. 무척 인상적인 장면이었
으나 카메라가 이를 다 담지 못해 아쉽다.

우리와 닮은
브리야트 아이들

2001년 6월 18일(월), 다섯째 날.

아침 식사 후 곧 바이칼을 떠나야 한다. 짐을 꾸리고 식당으로 가보니, 숙소 도우미인 러시아 청년과 그의 여자 친구 '샤샤', '나냐' 셋이서 기타 반주로 작별의 아쉬움을 노래하고 있었다. 일행 가운데 분위기 메이커인 후배가 제안해서 만든 즉석 반주 노래였다.

붙임성이 좋은 후배는 답사 내내 가는 곳마다 웃음꽃을 피웠는데, 낯설고 힘든 여정 속에서 큰 활력소가 됐다. 그는 금방 아가씨들과 친해졌는데, 벌써 헤어질 시간이라 아쉽다며 사진도 찍고 떠들썩하다. 모두 손뼉 치고 즐겁게 노래를 듣다가 작별 인사를 나누었다.

우리는 다시 이르쿠츠크로 돌아가서 울란우데행 기차를 타고, 거기에서 시베리아 횡단 열차로 만주리를 거쳐 중국의 치치하얼로 가야 하는 일정이다.

곧 항구에 도착했다. 항구에서는 어부들이 잡아 온 물고기에 소금을 뿌리며 나무 상자에 재우고 있었는데, 다른 물고기는 하나도 없이 '오물(Omul)' 생선뿐이다.

이내 배를 타고 알혼섬을 떠나 이르쿠츠크를 향해 떠났다. 모두 아쉬워 뒤를 돌아본다. 진한 아쉬움을 토해 보지만 호수는 우리 마음을 아는지 모르는지, 그저 그윽한 물안개만 피울 뿐이다.

바이칼이여, 영원하라!

◀
항구에서 필자, 뒤에 있는 것은 군함을 개조해서 만든 배이다.

◀
러시아 대표 생선인 오물(Omul)을 다듬는 어부

버스로 한 시간쯤 달리자 '타저란스키' 초원 위로 박물관에서 보았던 "말 매는 나무(세르게)" 세 개가 서 있다. 이곳은 긴 나무로 울타리를 만들어서 성역화해 놓은 곳으로, 브리야트 샤먼들이 의식을 행하는 장소라고 한다. 언젠가는 9마리의 양을 제물로 바치고 6천 명이 모여 제사를 지낸 적도 있다고 한다. 샤먼 발렌틴이 경건한 자세로 기도한 다음, 이에 대한 사연을 이야기했다.

"오래전에 불칸 바위 근처에 남자 샤먼들이 살고 있었는데, 어느날 라마승이 나타나서 제사 지내는 자리를 비키라고 억지를 피웠습니다. 샤먼들이 계속해서 안 비켜 주자 그들이 샤먼 3명을 강제로 끌어내 불에 태웠습니다. 그런데 그들 중 두 명의 샤먼이 나머지 한 명을 끌어안아서 지켜 줬고 결국, 불 속에서 한 명만 살아남았습니다."

발렌틴의 안내로 우리 일행은 숙연히 묵념하고, 세 개의 기둥을

▲ 세 개의 말 매어 두는 나무(세르게)

연결한 줄에 끈도 매고, 앞에 놓인 통나무 위에 동전도 올려놓았다.

이 말 매는 나무는 단지 주술적인 신앙에 그치는 게 아니라, 브리야트인의 역사이고 철학이었다. 재난이 닥치면 그들을 단합시켜 주는 구심점이 되어서, 그들의 부모가 그러했고 그 부모의 부모가 그러했듯이, 힘을 합쳐 고난을 극복했다. 조상들로부터 전해 받은 역사의 상징물이었으며, 천지인 오행의 밝은 가르침을 적어 놓은 삶의 실천철학이었다.

우리가 바이칼 원주민의 한 갈래라는 동질감에서 이 신목이 더욱 의미 있게 다가왔다. 우리와 같은 갈래의 민족이 거칠고 메마른 동토의 땅에서 숱한 고난을 이겨 내고, 그 오랜 세월을 면면히 이어서 살고 있었다. 바이칼과 더불어 순수하고 숭고한 정신의 뿌리를 호흡하면서…….

▲ 옐란치 마을 정경과 자작나무로 지은 민가

다시 버스에 올라 발렌틴 샤먼이 사는 브리야트 마을인 '옐란치'로 들어섰다. 이곳에서 잠시 휴식 겸 정차를 했다. 자작나무가 시원한 그늘을 드리워 주는 마을은 아담하면서도 정겨운 분위기였다.

때마침 초등학생으로 보이는 어린이들 40~50여 명이 도로를 가로질러서 학교로 들어갔다. 백인 아이들도 몇 명 보였지만, 대부분 브리야트족 아이들이었다. 그런데 그 생김새가 꼭 우리나라 아이들처럼 생겨서 깜짝 놀랐다. 만약에 한국의 아이들과 같이 세워 놓으면 구별이 안 될 정도였다.

필자가 다가가서 말을 붙이자 우르르 모여들었다. "아저씨는 한국에서 왔고 알혼섬에 다녀오는 길이야."라고 말하며 땅 위에 지도까지 그렸는데, 다들 코리아를 잘 모르는 것 같았다. 그런데 불쑥

▲ 한국 아이들과 똑같은 브리야트 아이들

열 살쯤 되어 보이는 여자아이가 영어로 내 이름을 물었다. 필자가
이름을 대답해 주니 알아들었다는 듯이 수줍게 고개를 끄덕인다.

　나를 바라보는 호기심 가득한 눈빛이 너무 예뻐서 머리를 쓰다듬
어 주었다. 내가 장난기가 발동해서 아이들의 나이키 모자를 손가
락으로 가리키며 엄지손가락을 세워 주니 다들 까르르 웃는다. 같
은 몽골리안이라는 것만 해도 정겨운데, 아이들이 밝고 꾸밈이 없
어서 참 예쁘다.

▲ 브리야트 아이들과 기념사진

▲ 브리야트 아이들

　'브리야트(Buryat)'족은 지구상에서 가장 북쪽 지방에 사는 몽골족이다. 바이칼호수 남쪽과 서쪽에 주로 분포되어 살고 있는데, 중국의 내몽골 및 외몽골의 몽골족들과 언어·역사·경제·거주 지역 등 여러 면에서 서로 연관되어 있다. 1980년대 소련에 약 39만 명 정도가 살고 있었다고 한다. 전통적으로 브리야트족은 소·말·양·염소·낙타 등을 기르는 유목민이고, 1689년(네르친스크 조약) 옛 소련 연방공화국에 의해 영토가 중국과 러시아에 분할 종속되어 지금까지 내려오고 있다. 현재는 러시아 연방 브리야트 몽골 자치공화국이다.

브리야트족은 13세기 때에 칭기즈칸 몽골 제국의 일원이었다고 전해지며, 그 이전의 기원에 대해서는 잘 알려지지 않고 있다. 17세기 중엽에 금과 모피를 찾아온 러시아인들이 식민지로 개척하기 시작했고, 처음에는 러시아에 강력하게 반발했다고 한다. 브리야트족은 유목 생활을 하며 살았으나, 차츰 정착하며 농사를 지었고 오늘날 대부분은 시베리아의 전형적 농촌주택인 통나무집에서 살고 있다고 한다.

짧지만 친근했던 만남을 뒤로하고 아이들과 헤어졌다. 샤먼 발렌틴과도 작별 인사를 하고 버스에 오르니 아이들이 손을 흔들어 준다. 나도 크게 손을 흔들어 줬다.

아이들을 보니까 제 이모 집에 떼어 놓고 온 아들이 생각났다. 저 브리야트 아이들과 아들이 자라면, 서로 같은 민족이라고 어우러질 날이 올 것이다. 판문점만 이어지면 기차선로는 이르쿠츠크까지 모두 연결된다. 그럼 부산에서 신의주까지의 세 배 거리밖에 안 되는 바이칼은 지척이다. 하루빨리 분단의 장벽을 허물고 기찻길을 잇고 싶은 마음이 굴뚝같았다.

버스는 엊그제 우리가 알혼섬에 들어왔던 길을 되돌아서 또다시 광활한 시베리아 빈 들판을 달려 이르쿠츠크로 향해 달려가기 시작했다.

이틀 만에 이르쿠츠크에 돌아온 우리에게 가장 먼저 눈앞을 가리면서 반긴 것은 역시 포플러 나무과의 그 꽃가루였다. 오후 1시 반쯤 이르쿠츠크 식당에 도착해서 점심을 먹었다. 식당에서 한국인 가이드를 만났다. 그는 3년째 이르쿠츠크에서 살고 있다고 하였는데, 그의 안내와 설명으로 이르쿠츠크에 대해서 조금 더 자세히 알 수 있었다.

이르쿠츠크의 현재 인구는 250만 명으로 시(市)가 된 지 340년 되었다고 한다. 모피와 금광, 다이아몬드의 생산지로서 "동시베리아의 서울" 또는 "시베리아의 파리"라고 불리기도 한다고 한다. 그런 이유에서인지 연방 붕괴 이후 들어온 우리나라의 교포가 700명쯤 되며, 20명가량의 유학생이 있다고 하였다.

재미있는 것은 우리 일행이 오기 일주일 전쯤 한국의 여야 의원들이 이르쿠츠크를 다녀갔다는 것이었다. 그것은 몇 개월 전 TV 뉴스에서 한번 보았던 기억이 있는데, 2008년부터 천연가스의 한국 도입에 관한 실무를 협의하러 왔었다고 한다. 그렇게만 잘 성사된다면 아주 바람직한 일이라는 생각이 든다.

경제 교류가 이루어지다 보면 문화 교류도 활발해지고, 이어서 한국인의 잦은 왕래가 생기면서 자연스레 상고사(上古史)에 대해서도 관심이 넓어져 우리의 역사가 바르게 세워지는 계기가 될 것이라는 생각이 든다. 물론 끊어졌던 철로가 다시 이어져야 한다는 과제가 남아 있지만, 그날은 그리 오래지 않을 것이라고 본다.

우리 일행은 식당에서 나와 호텔로 향했다. 올혼섬에서의 숙식이 불편했던 점과 밤기차로 울란우데까지 가야 하는 일정 관계로 잠시라도 쉬어야 했다.

잠시 동안 쉬고 오후 4시 반쯤 가이드의 안내를 받으며 시내로 나갔다. 버스는 칼 막스(K. Marx, 1817~1883)의 거리를 지나갔다. 그곳에는 변증법적 유물론으로 공산 사회주의 국가들의 통치 이념을 제시했던, 칼 막스의 동상이 이제 러시아인들에게는 먼 시대의 사람인 것처럼 어색하게 서 있었다.

버스가 멈춰서 내린 곳은 "꺼지지 않는 불"이 켜져 있는 광장이었다. 내 뇌리 속에 늘 사회주의 국가하면 군인, 전쟁 그리고 전사자를 애도하는 기념비라고 떠오르게 되는데, TV에서 나온 모스크바 크렘린 광장에도 보이던 그 꺼지지 않는 불이었다. 둘레석과 잔디로 잘 꾸며서 물 가운데 불을 항상 꺼지지 않게 설치되어 있었다. 무명용사비에는 우리나라 군인을 애도하는 비문도 있었다.

2차 대전 승전 기념비를 구경하면서 걸어가니 광장 끝은 앙가라강이 내려다보이는 언덕이었다. 브리야트인들은 앙가라강을 '바이칼의 딸'이라 부른다고 한다. 앙가라강을 끼고 형성된 이르쿠츠크는 예로부터 도시가 형성되는 자연적 조건이 잘 갖추어져서 그런지, 처음 방문한 여행객인 내 생각에도 안정된 느낌이 들었다.

우리 일행은 다시 버스에 올라 데카브리스트 수도원에 도착하였다. 데카브리스트는 1812년 러시아·프랑스 전쟁 때의 러시아 군인으로서, 러시아를 침공한 나폴레옹을 반격하면서 파리까지 갔다가 돌아온 장교였으며 혁명가였다고 한다. 그때 파리까지 참전한 병사들은 자기 나라와 비교할 수 없이 발달한 생활수준과 변화한 거리의 모습들을 보고, 모두들 놀라움과 더불어 발전된 문명에 대한 자각을 가지게 되었다고 한다. 그래서 진보적인 논의와 체제에 대한 비판의 소리가 모아졌을 것이고, 혁명을 계획하게 되었을 것이라는 생각이 들었다.

그러나 1825년 황제즉위식 때 거행하려던 혁명의 모의가 내부의 밀고로 인해 실패로 돌아가고, 혁명을 준비했던 120여 명의 청년 장교들이 시베리아로 유배당하면서 이르쿠츠크에 정착하게 되었다고 한다.

개혁의 의지가 강하고 외국의 발전된 모습을 보고 온 젊은 엘리트 장교들은 혁명의 꿈은 실패하였지만, 좌절하지 않고 이르쿠츠크를 개척하기 시작하였다고 한다. 데카브리스트도 그 일원으로서 검소한 생활을 하면서 이르쿠츠크와 더 나아가 러시아의 낙후된 현실을 새롭게 개혁하려는 데 앞장서서 일생을 바쳤다고 한다. 젊음의 열정을 다해 조국의 미래를 위한 능동적인 혁명 의지와 꿋꿋한 실천으로 개혁의 삶을 살다 죽은 그는, 후일 공산혁명의 정신적인 지주라 일컬어졌다.

수도원을 나와서 버스에 오르니 벌써 저녁 7시가 넘어서고 있었다. 이르쿠츠크를 떠나기 전에 이 지역 민속품이라도 사서 선물을 준비해 가야겠다고 마음먹었었는데, 이곳은 저녁 6시가 되면 시장, 관공서, 상점 등 모든 곳이 문을 닫는다고 한다. 몇몇의 일행들도 아쉬움을 토로한다.

대부분의 다른 외국 관광에서는 그곳의 토산품이나 기념품을 파는 상점이 있고 관광여행사와 연계가 되어 으레 들르게 되는데, 몽골과 이곳에는 그런 것이 없다. 관광업계 측면에서 이곳은 오지에 속하여 호텔이나 공항 면세점에서나 구입이 용이할 뿐이다. 그래서 값도 비싸지만 썩 마음에 드는 기념될 만한 것이 드물어 보였다.

러시아에서의 마지막 저녁을 먹기 위해 기차역에서 가까운 야구장 옆의 지하 1층 레스토랑으로 향했다. 계단을 내려가서 입구에 들어서니 러시아 여종업원이 한 모금 담긴 보드카와 계란고기 부침전 같은 동그란 부침을 하나씩 입에 넣어 준다. 그런 뒤에 자리에 앉아 둘러보니, 작은 스테이지도 있는 분위기 좋게 잘 꾸며진 고급 레스토랑이었다.

음식은 닭고기 스테이크와 빵이 곁들여졌고 처음 보는 샐러드도 나왔다. 특이한 것은 식사 후 홍차와 한 종지씩 잣 위에 꿀을 넣어 나온 것이었다. 입맛에도 잘 맞아서 오랜만에 기분 좋은 포만감이 느껴진다. 기차 출발 시간도 넉넉히 남았고, 음식도 입에 맞는 분위기 좋은 곳이라서인지, 일행들 모두 오랜만에 여유로운 모습들이다.

레스토랑에서 음식을 나르는 러시아 아가씨들은 모두 아름다웠다. 바이칼에서 연원하는 앙가라강의 물빛을 닮아서인지 이곳은 미인이 많다고 한다. 호수 빛 푸른 눈으로 생긋이 웃는 아가씨의 미소에서, 나는 러시아의 대문호 톨스토이의 소설『부활』에 나오는 여주인공 카츄사의 모습이 불현듯 그려졌다.

카츄사는 혼탁한 제정 러시아 시대 말엽에 잘못된 판결을 받고 감옥에 갇히게 되었는데, 상류층 귀족인 네후류도프가 지난날 한때의 실수에 대한 도의적 책임감으로 구원하고자, 불모지인 시베리아 수용소까지 따라오며 신분과 제도의 벽을 초월하여 온갖 시련을 감내하고, 마침내 진실한 사랑을 깨달아 간다는 내용의 소설 속 여주인공이다. 아마도 카츄사의 모습이 저처럼 아름다웠을 거란 생각이 들었다.

러시아의 많은 문호와 예술가들이 한번은 꼭 다녀간다는 이르쿠츠크. 유배지와 개척의 도시로서 사랑과 애환이 앙가라강과 함께 잔잔히 흐르고 있는 아름다운 도시이다. 시베리아 대평원과 앙가라강, 그리고 하얀 자작나무를 닮은 카츄사의 도시 이르쿠츠크는, 문학작품처럼 영화처럼 아름다움을 간직한 도시라는 생각이 들었다.

어둠이 내릴 즈음, 우리 일행은 이르쿠츠크 기차역으로 이동하였다. 그동안 우리 일행을 안전하게 실어 나르던, 고마운 세르게이 버스기사 부부와 러시아 여행사 사장인 블라디미르와도 작별을 했다. 그리고 밤 11:07발 울란우데행 시베리아 대륙 횡단 열차에 몸을 실었다.

울란우데에서
본 천부경의 상징

2001년 6월 19일(화), 여섯째 날.

울란우데 기차역에 아침 06시 45분 즈음 도착했다. 이곳은 묵어가지 않고 오후에 중국의 만주리로 출발해야 하는데, 우리가 타고 가야 할 기차 시간 관계로 남는 시산 동안 박물관을 돌아보기로 했다. 기차 역사 안의 화물보관소에 큰 짐들을 맡기고, 기차 역사에서 나오니 새로운 현지 가이드가 기다리고 있었다.

그런데 가이드가 양궁 국가대표선수 김수녕 선수를 너무 닮아서 일행 모두가 깜짝 놀랐다. 자기소개를 하는데, 이름이 '뚝뵈마'라고 한다. 이름이 조금 특이하게 들렸는데, 티베트 불교의 일곱 부처 가운데 여자 부처의 이름에서 따온 것이라고 했다. 뚝뵈마는 대학원에 다니고 있으며 총명하고 덕이 있어 보여서 모두 호감을 갖게 되었다. 한국어는 울란우데에 체류했던 선교사에게서 배웠다고 하는데 조금 서툴렀다.

그녀에 의하면 울란우데(Ulan-Ude)는 브리야트의 수도이고 러시아령에 속해 있지만, 1991년에 공화국을 세워서 독립했다고 한다. 수도이자 가장 큰 도시인 울란우데는 셀렝가강 유역에 자리 잡고 있으며, 시베리아 횡단철도가 브리야트 공화국을 가로질러 울란우데에서 몽골의 울란바토르까지도 연결된다고 한다.

그런데 놀랍게도 뚝뙤마가 자신을 "코리족"이라고 소개하였다. 그녀의 선조들은 원래 바이칼 유역에서 살고 있었는데, 7대조 때 이곳 울란우데로 이주했다고 한다. 이 말을 들은 나는 뛸 듯이 기뻤다. 여기에서 어렴풋이 우리 민족의 계보에 대한 가닥이 잡혔기 때문이다.

우리나라 역사학에서 고구려 이전의 부족 이름이 "고리"라는 학설이 있는데, 이는 북부여나 고조선의 이름일 수도 있다고 한다. 고구려(高句麗)는 본래 '고구리(高句離)'라고 불렸었는데, 일제 식민지 시절 강제로 '고구려'라고 바꿨다고 한다.

또한 알혼섬의 첫 원주민이 "쿠림칸족"인데, 이는 한배검 시절부터 있던 부족으로 '브리야트족(몽골계통)'과 '야크루트족'의 선조라고 한다. "쿠림칸"에서 '칸'은 '한'이기도 하며, 이는 몽골의 칭기즈칸처럼 왕을 뜻한다. '쿠림한'으로 읽어도 뜻이 통한다. '코리족', '고리족', '쿠림칸', '쿠림한'이라는 명칭은 발음상으로 유사성이 있다. 이런 배경으로 "코리족"은 곧 '고리족'이며, 즉 우리 민족의 갈래라는 뜻으로 풀이된다.

또한, 울란우데란 지명의 뜻이 '울란'은 '밝은', '우데'는 '강'이라고 한다. 이것을 나는 고어(古語)의 방식으로 풀어 보았다. '울란 → 울안 → 올안'이고, '올'은 주재주이자 밝은 임금, 즉 하늘이란 뜻과 맞닿아 있다. 울란우데의 지명이 밝은 강을 의미한다니, 셀렝가강의 원이름이 "밝은 강"이었으리라 짐작해 본다. 바이칼, 불칸, 울란의 세 가지 뜻이 모두 '밝다', '밝음'을 나타낸다는 것을 알 수 있다.

사실 이번 답사는 현 세계 문명의 발생지이며 민족의 시원지이자 그 이동 경로를 탐방하는 데 목적이 있었지만, 마음 한구석으로는 그 짧은 일정에 봉우 선생이 말씀해 주신 근거나 역사적 증거를 하나라도 듣거나 만나 볼 수 있을지 의구심이 있었다. 그런데 가는 곳마다 그 증표들이 하나씩 드러나서, 마치 그림의 퍼즐이 맞춰지

▲ 칭기즈칸 동상

▲ 호텔의 칭기즈칸 문양

는 것같이 신기하기도 하고 점점 확신이 들기 시작했다. 어둡고 컴컴했던 시야가 조금씩 환하게 밝아지는 기분이었다.

울란우데 시내는 수도라서 그런지 깨끗하고 잘 정돈된 분위기였다. 호텔에 도착하니, 정면 간판에 말 위에서 활시위를 당기고 있는 청동 조각이 보였다. 칭기즈칸이었다. 몽골족인 브리야트인에게 칭기즈칸은 지금도 영웅으로서 자랑스러운 상징처럼 살아 있었다.

◀
울란우데 사원 안에
있는 윤장대

◀
울란우데 사원

"이볼긴스키(닷산이라고도 함)" 라마사원을 방문했다. 사원은 울란우데 외곽의 평지에 있었는데, 주위의 자라난 풀들 때문에 좀 산만한 느낌이 들었다. 우리나라의 절처럼 한적하거나 단아한 맛은 없었다. 나무통 속에 티베트 문자로 불경을 새겨 넣어 돌리게 하는 윤장대(輪藏臺)가 있어서, 마음속으로 이번 답사를 잘 마칠 수 있도록 기원하며 돌려 보았다.

바라(사찰에서 법회 때나 불교 의식 춤을 출 때 사용하는 구리로 만든 악기, 심벌즈와 비슷한 악기) 소리와 불경 읽는 소리가 들려서 따라가 보니 큰 강당이 있었다. 부처들이 봉안된 전면 중앙에는 달라이라마의 초상이 걸려 있었고, 20대로 보이는 젊은 라마 승려들 십여 명이 두 줄로 책상을 마주 앉아 불경을 읽고 있었다. 가로로 길고 폭이 좁은 종이를 한 장씩 넘겨 가며 읽고 있었는데, 무슨 뜻인지 알아들을 수는 없었지만 낭랑하면서도 낮은 중저음으로 울리는 음성이 마음을 차분하게 만들어 준다.

조용히 한 바퀴를 돌아 나오는데 뚝뵈마 가이드가 입구에 놓인 주전자에서 물을 따라서 조금 마신 다음, 남은 물을 손에 묻혀서 자신의 머리를 세 번 쓰다듬었다. 마신 물은 마음을, 머리에 묻은 물은 몸을 정화하는 의식이라고 한다. 우리도 경건하게 따라 했다.

버스를 타고 브리야트 민속박물관으로 향했다. 넓은 공원 사이에 다양한 방식의 브리야트족 주거건물 형태로 지어진 박물관이 여러 채 있었는데, 오래된 천막 게르부터 나무판자 게르, 근대 양식까지 다양했다.

전시물 가운데 샤먼의 도구 같은 것이 있었는데, '임금 왕(王)' 글자 문양이 새겨진 유물이 눈에 띄었다. 제정일치 시대에는 샤먼이 전지전능한 왕이자 하늘과 땅의 중재자였다. 하늘의 뜻과 땅의 이치를 꿰뚫어서 인간 세상에 그 주재자이자 중개자 역할을 하는 이가 곧 "무(巫)"이다.

자세히 살펴보면 '무(巫)'자와 '왕(王)'자는 같은 의미의 글자이다. 첫 번째인 하늘[一], 두 번째인 땅[二], 하늘과 땅의 그 가운데 가장 중요한 사람[三]이다. 천지인(天地人)을 꿰뚫어 통달한 사람이 제정일치 시대의 임금[王]이자 무(巫)이다. 그러한 의미를 형상화한 것이 신라 시대 초기의 거서간·차차웅·이사금·마립간과 같은 "왕(王)"이요, 선지자(先知者)이고, 선각자(先覺者)로서의 "무(巫)"이다.

로마 가톨릭 교황청의 교황을 상징하는 문장에 '왕(王)'자가 있는 것도 이와 같은 맥락일 것으로 생각된다. 이즈음 한자를 모르는 사람들이 그저 무당을 미신으로 간주해 버리는데, 이는 그릇된 종교적 선입감에서 비롯된 것이다.

또 샤먼처럼 보이는 조형물이 있는데, 전통 복장을 하고 의식을 행할 때 쓰는 북과 같은 것을 들고 있었다. 특이한 것은 머리 위에 있는 원형 장식이다. 이는 종교 인물 초상화에서 흔히 볼 수 있는 수광(首光), 즉 머리를 감싸는 후광(後光)인데, 깨달음을 얻은 성자

▲ 임금왕(王) 글자 문양이 새겨진 유물

▲ 상단에 임금왕(王) 문양이 새겨진 프
란치스코 교황 문장의 그림

▲ 수광(首光) 장식을 한 샤먼 조형물

(聖者)를 상징하는 것이다.

일반적으로 성자나 성모, 부처님 등이나 원광(圓光)을 머리 혹은 온몸에 그려 놓고 있는 것이 상식이다. 그런데 서구적인 종교와 문화이론에 소외되어 미신으로 치부되는 샤먼이 지혜와 깨달음을 얻은 수광을 머리에 얹고 있다니, 놀랍다. 이를 어떻게 받아들이고 해석을 해야 하나, 당황스럽기도 하다.

우리나라의 제례 주재자들의 그림에서도 수광이나 원광을 두른 그림이나 조형물을 본 기억이 없었는데, 이렇게 외진 곳에서 보다니 뜻밖이다. 역시 바이칼은 신성한 밝음의 역사가 생생하게 보존된 곳이다. 아울러 머리에 수광의 밝음을 빛내고 있는 바이칼의 샤먼은, 곧 지혜로운 밝음을 얻은 주재자가 아닐 수 없다. 이는 며칠 뒤 중국 길림성 집안(集安) '오회분 4호묘'에서 해와 달을 둥근 원 안에 넣어 머리에 이고 날아가고 있던 일월(日月)신의 형상을 통해 찾아볼 수 있었다.

밖으로 나오니 선돌 무덤이 보였다. 원으로 놓인 둘레석 중앙에 돌무더기가 쌓여 있는 것과 중앙에 제법 큰 선돌을 세우고 오행을 표시해 놓은 것이 있었다. 이게 전통무덤의 형태인지 아니면 꾸며 놓은 것인지 확실치는 않지만, 엄연히 「천부경」의 알(올, ⊙)의 형상과 오행(五行)의 문양이었다.

▲ 선돌 무덤 형식

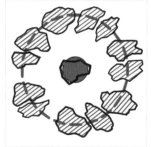

▲ 선돌 무덤을 위에서 본 모습. 「천부경」의 알(을, ⊙) 형상대로 돌을 쌓은 모습

　박물관의 울타리로 세운 목책도 우리나라 전통한옥의 방문 살과 비슷한 문양의 가로세로 격자문으로 조각했는데, 중앙엔 원과 그 안에 십자 모양이 있고, 십자 모양 안에 다시 작은 동심원을 조각했다. 이 또한 「천부경」을 상징하는 도형이다.

▲ 박물관 울타리 목책

▲ 천부경 상징 도형

▲ 다른 형식의 울란우데 박물관 건물 상단에 장식된 조각

「천부경(天符經)」은 우리 민족 전래의 성경(聖經)으로, 하늘의 형상과 우주 만물의 이치를 담아낸 경전이다. 한배검 시절에는 문자가 없었으므로 말씀으로 이어져 오다가, 신라 때 고운 최치원 선생이 한자 81글자로 해석해서 전해지고 있다.

「천부경(天符經)」의 원문은 "일시무시일(一始無始一)"로 시작해서, "일종무종일(一終無終一)"로 끝나고 있다. 일(一)로 시작해서 일(一)로 맺는데, 여기서 일(一)은 곧 '주재주(主宰主, 올)'를 뜻하며, 주재주 '올'은 하느님을 의미하는 우리의 옛 글자이다. 우주 만물의 근원이며 처음과 끝을 이루는 올(·)은, 모든 것을 주재(主宰)하는 주인(主人)으로서 하느님이자 우리 민족의 한배검을 의미한다.

天符經	천부경
一始無始一析三極無	일시무시일석삼극무
盡本天一一地一二人	진본천일일지일이인
一三一積十鉅無匱化	일삼일적십거무궤화
三天二三地二三人二	삼천이삼지이삼인이
三大三合六生七八九	삼대삼합육생칠팔구
運三四成環五七一妙	운삼사성환오칠일묘
衍萬往萬來用變不動	연만왕만래용변부동
本本心本太陽昂明人	본본심본태양앙명인
中天地一一終無終一	중천지일일종무종일

▲ 천부경 원문 81자 한문과 한글

봉우 선생에 의하면, "천부경은 을(•)에서 시작해서 마침내 다시 을(•)로 회귀하는 것으로, 이 점 하나, 주재주(主宰主) 글자인 '•', 곧 한울을 뜻하는 것이라고 설명하고 있다.[5]

이것을 유교(儒敎) 철학의 이론으로 풀어 보면, "온갖 이치가 모두 하나의 근원에서 나와서, 이 세상 현실에서 유행(流行) 변화하다가 마침내는 다시 하나로 돌아간다."는 "통회(統會)"의 논리[6]와 같

---

5 봉우 권태훈 지음, 『천부경의 비밀과 백두산족문화』, 정신세계사, 1999.

6 통회(統會)의 논리는 중국 명나라 성리학자 주희(朱熹)가 말한 통체일태극(統體一太極)의 이치와 같은 것으로, 우주 존재의 원리를 "온갖 이치가 하나의 근원에서 함께 나오는 것을 통회(統會)라 하고, 만물이 각각 하나의 리(理)를 갖춘 것을 유행(流行)"이라고 보고 있다.

다. 여기서 하나의 근원 또는 이치는, 태극(太極) 또는, 리(理)라고 할 수 있다. 또한 태극(太極)은 리(理)의 높임말이며 리(理)는 형이상자(形而上者)로서, 온갖 만물의 이치를 통괄하는 주재자(主宰者)이다. 이를 대부분 종교에서는 각자의 하느님 또는 하나님이라고 한다.

우리 민족에서는 첫 번째 조상인 "한배검" 또는 "한울님"이라고 한다. 천지 만물 가운데 첫 번째 존재이므로 수(數)로 표현해서 '하나(一)'이고, 본래는 'ᆞ'로 표현했다고 한다. 'ᆞ'은 현대의 한자 사전에는 '점 주, 구절 찍을 주'로 나오지만, 오래된 옥편에는 '주재할 주(主)'로 풀이된다. 임금 왕(王) 위에 'ᆞ'이 올라가 있는 글자가, 왕보다 높은 온 세상을 주재(主宰)하는 "주(主)"인 것이다.

우리의 선조들은 이러한 주재주와 첫 번째 조상인 한울, 즉 한배검의 의미를, 후손들이 잊지 않도록 가위바위보, 공기놀이, 윷놀이 등 다양한 민속놀이를 통해 전해 왔다. 그 대표적인 것이 바로 '곤지곤지 놀이'이다. 이는 갓난아기들이 엄마에게 처음으로 배우는 필수적인 놀이로, '곤지곤지' 하며 손바닥에 찍는 점(ᆞ)이 바로 우리 첫 번째 조상의 이름이자 '주재주(主宰主, ᆞ, 울)'이고, 이를 숫자로 풀어 놓은 것이 일(一)로 시작하여 일(一)로 끝나는 81글자의 「천부경」이다.

사물의 기본인 일차원(一次元)은 선(線)으로 이루어진다. 그런데 일차원의 선은 점(ᆞᆞᆞᆞᆞᆞ)들이 모여서 이루어진 것이다. 다시 일차원의 선이 모여서 2차원의 면(面)이 되고, 면이 모여서 3차원의 공간이 이루어지는 것이다. 우리가 사는 이 세상 현실 공간의 시작은 곧 점이다. 점(·)은 곧 주재 주(·)인 것이다.

「천부경」에서 모든 것의 시작이 울(·)인데 이를 숫자로 표현하면 일(一)이고, 마지막 숫자는 십(十)으로 쓴다. 끝을 의미하는 십(十)은, 곧 일(一)이 두 번 겹친 것을 형상화 한 글자이다. 시작인 일[·, 一]과 끝인 일[·, 一]이 겹친 것이다. 십(十)은 다른 숫자로 십(10)이라고 쓴다. 일(一)이면서 영(0)이다. 그러므로 시작[·, 一]이면서 끝[·, 一]이라는 의미로 쓰인다. 아라비아 숫자 일(Ⅰ)과 십(Ⅹ)도 똑같지 않은가.

알(◉)은 우주 만물의 원초적인 형상을 나타낸다. 더 이상 쪼갤 수 없는 가장 최소의 원자[a-tom]이며, 세포의 모습이라고 할 수 있다. 아무것도 없는 듯이 보이는 컴컴한 우주 공간(空間)은, 사실 우리가 알고 있는 원소 원자의 소립자(素粒子, elementary particle)들로 가득 차 있다.

이를 불교에서는 '색즉시공(色卽是空) 공즉시색(空卽是色)'이라고 한다. 텅 빈 것 같은데 가득 차 있다는 의미이다. 텅 빈 듯한 우주의 공(空)에서, 어느 날 원자들이 모이고 팽창하여 갑자기 폭발한 것을 '빅뱅(BIG-BANG)'이라고 한다. 새로운 행성(行星)의 탄생 원리이다. 빅뱅은 현 지구상의 과학계에서 인정하는 우주의 존재 원리를 말한다. 우리가 사는 지구 행성도 빅뱅을 통해 창조되었다.

이를 「천부경」의 원리와 결부시켜 형상화하면 알(◉)이다.

텅 빈 원(○)에 어느 날 리(理)에 의해서, 혹은 신(神)에 의해, 하느님에 의해, 한배검님에 의해, 주재 주 알(・)이 발생(또는 창조·조물·점지)되었다. 곧 알(◉)이 탄생한 것이다. 그리고는 드러난 실재의 현실(現實)에서 유행·변화하다가, 마침내는 다시 리(理, 하느님, ・)로 돌아간다.

이 알(◉)의 형상은 우리 인간의 체세포 구조이자, 백혈구 조직의 실제 모습이다. 인간이 자식을 잉태한 처음 모습이고, 동물들이 새끼를 잉태한 처음 알의 모습이다. 우리는 이것을 다른 말로 '씨알'이라고 부른다. 씨알은 한자로 아들 "자(子)"로 쓴다. 이 '자(子)'는 '시작하다'의 "일(一)"과, '끝마치다'라는 뜻의 "마칠 료(了)"를 합해 놓은 것이다. 곧 시작과 마침이 하나인 것이 '아들 자(子)' '씨알 자(子)'이다.

씨알은 땅에 떨어져서 겨울 동안 땅속에 저장되었다가, 봄에 싹이 나고 잎이 펴서 여름에 꽃이 피고 가을에 열매를 맺고, 씨가 생겨서 다시 땅에 떨어지는 순환 작용을 한다. 시작과 끝이 하나인 것이다. 이는 곧 시작의 일(一)이면서 끝의 십(十)이고, 시작의 일(一)이면서 끝마침의 일(一)이다. 그러므로 씨알은 주재 주의 알(◉, ・)인 것이다. 가톨릭, 불교, 이집트문명, 잉카문명 등, 현재 세계 인류의 거의 모든 종교와 세계 각 문명의 상징 문양이 공통적으로 시작과 마침의 십(十)자 문양의 상징에서 벗어나지 않고 있는 연유를 이에서 찾을 수 있다.

또 주재 주 알(◉, •)의 형상은 태양을 향해 일정하게 돌고 있는 지구의 모습을 작게 축소시켜 놓은 것이기도 하다. 곧 우주 존재의 형상이며, 인간 존재의 형상이며, 만사만물의 존재 형상이다. 그러므로 주재 주(•)는 시작이면서 끝으로서, 만사만물이 그 알(•)에서 시작하여 유행(流行)·변화하다가 마침내는 알(•)로 돌아간다.

그리고 주재 주 알(◉, •)은 태극(太極)이 음양(陰陽)을 함유(含有)한 형상[◐]이다. 유교에서 우주 존재 원리의 시작은 태극으로부터 논한다. 태극은 리(理)의 높임말이다. 소리도 없고 냄새도 없으며 형체도 없는 형이상자(形而上者)인 리에 의해 만사·만물이 창조되며, 리인 태극은 음양을 함유하고 있다. 형이상자인 태극은 자신은 움직이지 않으면서, 만사만물을 움직이게 하는 부동(不動)의 원동자(原動者)이다. 이러한 원리(原理)로서의 태극이 한빈은 음(陰)하게 하고 한번은 양(陽)하게 한다. 이로부터 만사 만물이 음양동정(陰陽動靜)의 변화 운동을 시작하여 생명 현상을 존재 현실에 드러낸다.

이상과 같이 우주 존재의 원리가 단 한 글자로 함축된 것이, 곧 주재주(主宰主, 올, 알, •)이다. 더불어 이와 같은 밝은 지혜의 앎이 담긴 것이 「천부경」이고, 우리 민족의 첫 조상 한배검의 가르침으로부터 연유한다.

이곳 울란우데 박물관의 건축물과 선돌에서도 이처럼 「천부경」의 형태를 발견할 수 있었다. 브리야트인이 우리와 같은 민족의 갈래이며 정신적인 측면을 중시하는 전통적 관습과 문화가 비슷하기에 그럴 것이다. 「천부경」의 원리를 적용한 문양이나 상징들이 브리야트족 일상이나 종교의식, 건축물 등에서 형상화되어 나타나 있다고 볼 수 있다. 이에 관한 사실들은 더 살펴보고 연구돼야 할 과제라는 생각이 들었다.

박물관을 살펴보고 버스에 올라 오후 1시쯤 음식점으로 향했다. 식당은 박물관에서 버스로 10분 거리도 채 안 되는 곳에 있었는데, 게르 형식을 빌려서 벽돌로 지어 장식을 꾸며 놓은 집이었다. 음식은 브리야트인들의 전통음식으로, 고기와 야채를 넣은 만두와 양젖 요구르트와 야채샐러드 등이 나왔다. 양젖 요구르트는 몽골 테렐지의 유목민 게르에서 먹었던 것보다는 시고 맛도 덜하였다.

식사를 하면서 음식에 대한 이야기가 나왔다. 집을 떠나온 지 벌써 6일째로 접어드니 현지의 음식점에 갈 때마다 음식에 대한 기대가 앞서게 된다. 오랜 여행에서 경유하게 되는 현지의 음식에 지대한 관심을 가지게 되는데, 그만큼 입에 잘 맞아야 건강하게 기운도 차리고 여행이 즐거워지는 것이라 생각된다. 그래서 가장 필수적인 볶음고추장도 준비(를)해 왔지만, 밥이 나오지 않는 식탁엔 별 무소용이었다.

아직까지는 일행 가운데 크게 탈이 난 사람은 없었지만, 각 지역마다 공통적으로 고기나 빵이 주류를 이루고 가끔씩 밥이 나왔다. 반찬 종류는 그 지역마다 특색 있는 소스나 양념이 사용되어 처음엔 손이 갔으나, 며칠 지나자 손이 안 가게 된다. 그러다 보니 식빵에다 설탕을 얹어 먹는 것이 주가 되는 것 같다. 버터나 치즈와 잼 같은 것은, 이곳 극동지역엔 귀한 것이라서 식탁에 오르는 것이 드물었다.

일행 중엔 고기와 커피를 안 먹는 사람도 있고 빵도 대부분 잘 안 먹는 편이라서, 이것저것 가리고 나면 먹을 것이 만만치 않다. 식빵도 우리나라처럼 우유나 계란이 들어가서 부드러운 것이 아니라, 대부분 거칠고 딱딱한 검은 러시아식빵이어서 먹고 나면 입안이 헤지곤 하는데 그나마 먹어야만 했다. 그래서 식사 시간이 빠를 수밖에 없다. 그러지 않아도 식사 시간이 빠른 한국 사람들인데, 들르는 음식점마다 도우미들이 접시 나르기가 분주하다.

생각해 보면 우리나라의 음식 문화는 모든 음식을 한꺼번에 차려 놓고 먹는 관습이 오래되었나. 외국처럼 애피타이저, 메인, 디저트 등의 음식이 차례로 나오는 음식문화가 아니다. 그래서 외국 여행을 가면 메인 음식이 나오기 전에, 앞에 나오는 음식들로 배를 채워서 정작 메인 요리는 몇 술 뜨지도 못하는 경우가 많다. 이를 보고 한국 사람들은 성격이 급해서 음식도 빨리 먹는다는 인식이 생겨나게 된 것이 아닐까 하는 생각이 든다. 쉴 새 없이 접시를 나르는 러시아 도우미들을 보면서, 우리 일행도 그 범주에서 벗어나지 못하는구나 싶어 웃음이 났다.

식사를 마친 뒤 시내로 다시 들어와서 기념품과 책을 구입하기 위해 서점으로 향했다. 가이드가 안내한 곳은 레닌의 두상만 세워진 레닌광장이 있는 브리야트 공화국청사 부근이었다. 서점에는 대부분 러시아어로 된 책이 있었고, 영어로 된 바이칼이나 울란우데에 관한 서적은 드물었다. 그나마 한두 권씩밖에 비치되지 않아서 구입하지 못하고, 바이칼 유역의 지도만 구하고 아쉽게 돌아서 나왔다.

오후 3시쯤 울란우데 기차역에 도착하여 아침에 맡긴 짐을 찾고, 만줄리로 가기 위해 가이드가 표를 구입하였다. 그리고 가이드를 했던 뭉크자르갈과 뚝뵈마와 헤어져야 했다. 그동안 모두들 정이 들어서 아쉬워했다. 일행들과 사진을 찍고 작별을 나누었다.

백산운화호(號) 광(光)
특급열차를 타고

　시베리아 횡단 열차는 1892년부터 1898년까지 총 9,400㎞에 달하는 구간으로 건설됐는데, 동쪽으로는 태평양 연안에 이르는 블라디보스토크에서부터 서쪽으로는 러시아의 수도 모스크바까지 이어져 있다. 이 열차는 동쪽으로 시베리아 횡단철도로 딜리다가 노선을 변경해서 만주리로 내려가 중국의 하얼빈, 장춘, 심양을 거쳐 북경으로 간다. 그리고 다시 북경에서 심양, 단동을 지나서 평양까지 들어간다고 한다.

　우리 일행은 러시아를 거쳐 유럽으로 향하는 대륙횡단열차가 아니라, 동쪽으로 향하는 울란우데 기차역에서 오후 3시 46분발 만주리(萬州里)행 대륙횡단열차를 탔다. 만주리까지는 28시간가량 걸린다고 한다. 만주리는 중국령 내몽고(內蒙古)자치구인데, 러시아와 접경지대이면서 몽골과도 접경지대이다.

침대가 있는 대륙횡단열차를 타고 밤새도록 달려간다는 게 무척 낭만적이었다. 화장실, 식당까지 다 있어서 여러모로 편리하기도 했다. 열차는 연결 통행로를 한옆으로 하고, 6인실 침대가 놓인 객차 칸이 각각 이어져 있었다. 2인실과 4인실, 8인실도 있었다. 우리 일행은 6인실이었는데 오밀조밀 아래위층으로 붙어서 한 공간에서 같이 밥도 먹고 잠도 자고 이야기도 할 수 있어 오붓했다. 짐을 정리하고 통로로 나와 보니 일행들이 수학여행 가는 학생처럼 들떠서 이 방 저 방을 왔다 갔다 하며 좋아한다.

짐 정리를 하고 나니 마음이 한결 여유로워졌다. 침대칸 통로 창가에 붙여진 접의자를 펴고 앉아서 차창을 내다보는 즐거움도 있고, 객실 안 창가의 레이스 달린 커튼을 젖히고 밖을 내다보는 운치도 좋다.

그런데 갑자기 객차 문이 벌컥 열리더니, 몸집이 큰 여자 승무원이 큰 도끼를 들고 나타났다. 우리는 깜짝 놀라서 눈이 휘둥그레졌다. 저 도끼가 도대체 이 열차 안 어디에 필요한 것일까 말이다. 가만 보니 그건 장작을 쪼개는 용도의 도끼였다. 객차의 세면실 앞에 뜨거운 온수통이 항상 비치되어 있었는데, 그 물을 스팀이나 전기로 끓이는 게 아니라 온수통 옆의 연소실에서 장작불을 피워 끓이는 것이었다. 그 장작을 잘게 쪼개려고 도끼를 들고 다닌 것이다. 도끼도 도끼지만, 장작불이 있는 기차라니 참 재미있다.

일행과 이야기를 나누다가 저녁을 먹으려고 식당 열차 칸으로 갔다. 테이블이 열 개 정도 있고, 창가에 커튼도 달고 장식도 했지만 대체로 분위기가 무겁고 청결해 보이지는 않는다. 제일 안쪽 테이블에 앉아 있는 승무원 아주머니가 퍼뜩 눈에 띈다. 체격이 매우 크고 우람한 그녀는 곱슬곱슬하게 파마한 머리에 진한 화장을 하고, 한쪽 눈썹을 추켜세우며 우리를 쳐다본다. 굵은 팔뚝에는 듬성듬성 털도 나 있었다. 영락없이 영화에 나오는 여자 두목처럼 생겼다.

육십 대로 보이는 약간 머리털이 벗어진 러시아 남자도 있었는데 그가 주방장인지 땀을 뻘뻘 흘리며 음식을 내왔다. 또 다른 젊은 여자는 열심히 접시를 나르고 있는데, 보스인 여자 승무원은 의자에 앉아서 우리를 쳐다보고만 있다. 음식을 먹으라는 건지 말라는 건지, 압도되는 분위기였다. 그러나 험악한 분위기와 달리 다행히 음식은 맛있어서 오랜만에 스테이크와 샐러드, 수프에 볶음밥까지 배부르게 잘 먹었다. 맥주까지 한잔하면서 분위기가 한껏 즐거워졌고, 일행의 선창으로 "바이칼!"이란 구호를 외치며 건배를 나눴다.

식사를 마치고 나오는데 객실 통로에 다른 일행이 모여서 와자지껄하다. 후배 몇몇이 중국 여학생들과 필담(筆談)을 나누고 있었는데, 그들은 심양에 사는 발레 하는 중학생들이라고 한다. 남녀 학생이 5명 정도였는데 발레를 해서 그런지 모두 날씬하고 키도 170㎝는 돼 보였다. 역시 이번에도 분위기 메이커 후배가 문화 교류의 선두주자가 되어 화기애애하게 분위기를 이끌어 가고 있었다. 재

▲ 대륙횡단열차에서 일행들과 함께 있는 모습

미있게 웃으며 함께하다가 다른 객실에 들러서 삼삼오오 모여 앉아
이야기꽃을 피웠다.

2001년 6월 20일(수), 일곱째 날.

다음 날 깨어 보니 기차는 여전히 달리고 있었다. 그대로 엎드려
차창을 내다보니 너른 초지와 늪지가 계속해서 이어진다. 아침 햇
살을 받은 초원은 싱그러운 이슬에 젖어 윤기를 머금고 있었다. 창
을 열어 신선한 공기를 한껏 마시고 일어나 다른 객실을 돌아보았

다. 대부분 답사 여정을 메모하며 정리하고 있었고, 일부는 촬영 장비를 재점검하고, 일부는 중국 지도를 펼쳐 보기도 하며 모두 전열을 새롭게 가다듬고 있는 듯 보였다. 마치 밝고 신성한 신들의 세계를 지나서, 인간의 세계인 치열한 투쟁의 역사 속으로 따라 들어가기 위한 재정비를 하는 것 같았다.

우리는 봉우 선생의 말씀을 근거로 해서 상고시대의 바이칼 유적 답사와 민족 이동 루트의 한 갈래로서 몽골 초원을 달리고, 만주리를 거쳐서 남북으로 뻗어 내린 대흥안령산맥을 따라 내려간다. 그곳에서 단군 시대 또는 고조선 시대를 보고, 북부여·고구려·발해의 역사를 따라 치치하얼, 대안, 장춘, 집안, 단동으로 따라 내려가게 된다.

우리가 탄 열차는 1만여 년 전 한배검의 개벽에서 출발해, 수천 년 단군 임금들의 밝음의 시대와 고구려 광개토대왕과 장수왕의 영광의 시대를 따라서 달려가고, 거기서 다시 다음 세대 오백 년 도읍지인 북계룡을 마주하러 달려간다. 더 나아가 대동장춘(大同長春) 세계의 장춘(長春)까지 달려가는 시공을 초월한 타임머신 레일이다.

그러니 시속 70~80㎞의 이 열차가 어찌 느리다고 할 수 있겠는가? 과거와 미래를 넘나드는 '광(光) 특급열차'를 타고 가는 이 열차를 "간도중명광특급(艮道重明光特急)"이라 부르고 싶다. 아니면 그냥 "백산운화(白山運化)"호(號)라고 지을까 하고 웃으며 행복한 고민

속으로 빠져들었다.

안 될 것도 없다. 퍼뜩 세계지도를 펼쳐 놓고 보니, 두만강이 동해로 빠지는 지역인 두만강구는 중국뿐만 아니라 러시아와도 국경선이 접해 있고, 또한 시베리아 횡단철도와도 연계돼 있었다. 얼른 볼펜을 꺼내어 지도에 철로를 이어 놓고는 내심 기분이 좋아서 콧노래가 저절로 흥얼거려졌다.

만약에 철도가 러시아의 '하산'과 접경 지역인 '두만강구'와 연결된다면 청진, 함흥을 거쳐 평양, 개성, 서울로 올 수 있고, 함흥에서 원산으로 내려오면 철원, 의정부, 서울로 철도가 이어지는 것이다. 그리고 부산이나 목포에서 티켓 한 장을 끊으면 시베리아를 거쳐 유럽의 독일까지 가서 내릴 수도 있다. 또 시베리아 동북 끝으로 올라가서는 베링해협에 철교를 건설하고 이어서 알래스카로 넘어가 캐나다, 미국을 거쳐 남아메리카주 칠레의 최남단 마젤란 해협까지 철로가 달려간다.

더 나아가 유럽에서 지브롤터 해협을 이어 아프리카주 최남단인 남아프리카공화국 케이프타운까지 이어진다면, 세계는 그야말로 원라인(One-Line)이 될 것이다. 어느 나라 사람이든 입장권 한 장만으로 자유롭게 오갈 수 있다면 그것이 곧 진정한 의미의 세계 일주며, 세계일가(世界一家)이다. 그렇다면 지구는 어느새 하나로 '대동(大同)'되어 모든 지구인이 순례를 떠날 것이다. 지구 평화의 철도 순례를!

어디 그뿐인가? 철도망을 연결하면 우리나라를 중심으로 물류 혁명이 일어나서, 이에 따른 부가가치 창출과 경제 이익이 실로 엄청날 것이다. 단번에 세계의 중심으로 부상할 수 있는 절호의 기회이다.

타국에서 만난
북한 주민

러시아·중국 국경에 다가오자 세관 검사를 한다. 러시아 지역인 '자발까스키(外貝加尔斯克)'역에 가까워지자 러시아 세관원이 나타났다. 군복 차림을 한 그들의 날카로운 눈초리에 객실은 일시에 조용해지며 긴장감이 돌았다. 우선 남자 검사원이 객실을 둘러본 뒤 인원수를 세고 여권을 걷어 갔다. 그리고 이어서 여자 검사원이 와서 출국확인서를 쓰라고 종이를 나눠 줬다. 그러면서 소지하고 있는 달러 화폐 액수를 사실대로 적으라고 한다.

모두 적어서 제출하자 갑자기 무작위로 몇 명을 지목해서 지갑을 꺼내 보이라 하고는, 지갑 속의 달러를 세어 본다. 기분이 불쾌했다. 아직도 러시아가 미국을 적대시하고 있어서 그런가? 아무리 그렇다고 해도 승객의 지갑까지 열어 보다니 무례하다. 곧 다른 여자 세관원이 와서 조명등을 켜고 침대 밑, 2층 다락, 천장 장식의

판자까지 나사를 일일이 풀어서 조사한다. 밀입국자가 있나 조사하는 것 같았다. 영문을 자세히 알 수는 없으나 불쾌한 기분이 드는 것은 어쩔 수 없었다.

잠시 후 자발까스키 역사에 멈췄는데, 큰 짐은 그대로 두고 모두 역에 내리라고 한다. 가이드의 설명에 의하면 러시아의 철도는 폭이 넓은 광궤도(1,520㎜)인 데 비해, 중국 철도는 표준궤도(1,435㎜)라서 바퀴를 조정하는 데 2시간~4시간 정도 걸린다고 한다. 그동안 승객들은 역사에서 기다려야 한다고 했다.

역사에 내리니 비가 조금씩 내리고 있었다. 그곳에는 러시아와 중국인들로 보이는 보따리장수들이 꽤 많이 모여 있었다. 큰 쌀가마니 크기의 천막 재료로 만들어진 똑같은 보따리에 옷가지를 담아 러시아와 중국을 오간다고 한다. 2층 대기실로 들어갔는데 관리인들이 역 밖으로는 못 나가게 통제하고 있었다.

그런데 여기서 생각지도 않게 북한 주민을 만났다. 그들은 열 명 정도 되었는데 아무래도 생김새가 중국인들과는 다른 것 같아 슬쩍 옆으로 지나가는 척하고 말소리를 들어 보니, 북한 사투리를 쓰는 것이었다. 어찌나 반가운지 덜컥 다가가서 말을 걸었다. 내가 "혹시 북한 주민들입니까?"라고 물었더니 그중에 두세 명이 "맞습네다."라고 대답한다. 그들이 거리낌 없이 인사를 받아 주어 몹시 흥분됐다. 사실 필자의 처가댁 고향이 황해도이고, 내 아버지 고향이 평안북도이다. 말만 들었지 한 번도 가 보지 못한 곳인데, 처음으로 북한 주민을 만나서 이야기까지 하게 되니 무척 흥분됐다.

그들은 대부분 30~40대로 이르쿠츠크 지역에 공사 일을 하러 갔다가, 3년 만에 평양의 집으로 돌아가는 길이라고 한다. 우리 일행과 같은 열차를 타고 왔는데, 다시 같은 열차를 타고 북경까지 가서 심양을 거쳐 평양으로 간다고 했다. 그 가운데 '김'씨라는 사람과 이야기를 하던 중 나이를 물었더니 필자와 동갑이었다. 서로 악수도 하고 생일이 빠른 내가 형이라고 하자, 웃으며 더 스스럼이 없어졌다. 우리는 기차를 기다리는 동안 음료수를 나눠 마시며 두세 시간을 이야기했다.

아이들 얘기가 제일 먼저 나왔는데, 그는 자녀가 공부를 꽤 잘하는 편이라서 애들 보는 낙으로 산다고 한다. 벌써 아이들이 눈앞에 어른거린다는데, 나도 떼어 놓고 온 아들 생각이 나서 괜히 코끝이 시큰해졌다. 경제에 관한 이야기도 나누었는데, 역시 가장인 입장에서 제일 중요한 건 생계였다. 김씨가 본인은 사상적 배경이 강해서 외국에 나가 외화벌이 하는 데 문제가 없어서 다행이라고 말한다. 정치적인 문제는 아무래도 민감해서 서로 피해 갔는데 그래도 통일에 대해서는 비슷한 생각이었다.

우리를 둘러싼 국제 정세에 관해서도 이야기했는데, 그가 "내가 겪어 봐서 알지요, 러시아 사람들은 솔직합네다. 하지만 일본, 중국 사람들은 아주 깜찍합네다."라면서 그들을 상대로 어떻게 대했는지 경험담을 이야기했다. 그의 말끝에는 매번 자기네가 가지고 있는 것에 대한 자부심이 배어 있었다. 가진 게 별로 없어도 당당하고, 가진 자에게 비굴하게 머리 조아리지 않는 그 꿋꿋한 자부심이 보기 좋았다.

짧은 시간이었지만, 분단으로 인해 만나지 못하던 같은 민족과 웃으며 이야기를 나눌 수 있는 소중한 시간이었다. 소낙비에 갈증을 푼 것처럼, 분단의 아픈 통증들을 조금은 식힐 수 있었다.

돌이켜 보면 우리가 이렇게 남북으로 갈라진 건 우리 국민들의 의지가 아니었다. 당시 강대국이었던 미국과 소련의 이권 다툼과 농간 때문이라 할 수 있다. 우리를 하나는 공산으로, 하나는 민주

▲ 자발까스키역에서 만난 북한 주민

로 둘로 갈라놓고 대립하게 했다. 남북이 합치면 두뇌가 우수한 민족이기 때문에 자칫하면 미국이나 여타 강대국을 위협할 수도 있으므로 서로 합치지 못하게 만든 것이다.

그리고 이후 남한은 남한대로 미국의 경제 제국주의의 간섭 아래 70년이 넘게 지나도록 정치와 경제, 군사적 압력에서 벗어나지 못하고 있다. 북한은 북한대로 공산주의가 뼛속까지 물들어서 세대가 지날수록 서로 이질감이 커지고 있다. 같은 민족이 남남처럼 살면서 국가와 민족에 대한 자기 정체성을 점점 잃어버리고 있다. 더는 이래서는 안 된다. 잃어버린 주권을 회복하고 민족정기를 다시금 일깨워서 하루빨리 남북통일을 이룩해야 한다. 언제나 우리가 잊지 말아야 할 것은, 우리는 원래 하나였으며, 모두 한배검의 자손이라는 것이다.

어느새 다시 열차를 타야 하는 시간이 다가왔다. 우리는 같은 열차를 타고 가는 하나의 민족이지만, 두 개로 갈라진 각자 삶의 터전으로 가야 한다. 어쩔 수 없는 현실에 마음이 짠했다. 헤어지는 게 너무 아쉬워서 필자가 기념사진을 찍자고 제안하자 그가 흔쾌히 수락했다. 카메라 앞에 서서 자세를 취하는데 그가 어느새 내 손을 잡았다. 나도 힘주어 꼭 잡았다. 맞잡은 이 손처럼 남북이 함께하는 날이 꼭 오기를 간절히 소망해 본다.

2

동북아시아를 호령하던 우리 땅, 북만주

대흥안령산맥을
넘어 동쪽으로

우리는 한배검과 단군 임금들이 대흥안령 → 소흥안령 → 장백산으로 나아간 행로를 따라가 보기로 했다. 조상들이 바이칼에서 중국으로 넘어간 이유는, 소빙하기가 와서 추위가 점점 심해졌기 때문에 더 나은 삶의 터를 찾아서 이동한 것이다. 거기에서 나타난 부족들이 고조선과 고구려, 발해이다. 당시에 대흥안령은 바이칼 서쪽에서 중국 동쪽으로 넘어오는 유일한 길이기 때문에 이 산맥을 넘을 수밖에 없다.

오후 6시쯤 자발까스키역에서 다시 기차를 타고 한 시간 정도 러시아의 출국 통관 검사를 받았다. 기차가 출발하자 곧 중국의 한문으로 쓰인 간판이 곳곳에 보인다. 불과 30분도 안 돼서 중국의 국경선을 넘어 만주리역에 도착했다. 러시아 자발까스키 역에서 30분 거리인 중국의 만주리까지 오는 데, 철도 바퀴 교체 시간 4시간을 포함해서 무려 6시간이 걸린 셈이다.

다시 중국 측 입국 검사가 시작됐다. 그런데 뜻밖에도 군복 차림의 젊은 여자 검사원이 노트북을 들고 올라왔다. 고압적인 자세로 검사를 하고 게다가 승객의 지갑까지 열어 보던 러시아와는 너무나 상반된 모습이다. 검사도 30분 만에 끝났다.

'만주리(滿州里)'는 '초원의 푸른 별 보석'이라는 뜻으로 중국령에 속하지만 1949년에 몽고 자치구로 지정되었으며, 중국 사람들은 외몽고라 부르며 몽골 공화국과 구분하고 있다. 만주리역에 도착하여 내리니 역 광장이 굉장히 화려하고 규모가 커서, 한국의 서울역만큼은 돼 보인다. 역시 땅이 넓기는 넓구나 싶었다. 우리 일행은 버스에 올라서 만주리 국제호텔로 향했다.

짐을 풀고 식사를 한 뒤, 호텔 국제전화 교환소에서 여행 떠나온 이래 처음으로 한국에 전화를 했다. 여행을 떠나오기 전 휴대폰을 가지고 떠나올 생각이었는데, 통신 업체에 알아보니 몽골과 러시아 지역은 불통 지역이이라 한다. 중국도 현재 사용하고 있는 휴대폰은 공항에서 새로이 임대해야 한다고 하였는데, 사용 대기자가 많아서 일주일 이전에 신청해야 한다고 해서 할 수 없이 그냥 떠나오게 됐다. 몽골과 러시아에서는 전화할 여건도 불편하였고 일정상 시간도 여의치 않아 이제야 전화를 하게 되었다. 다른 일행들도 사정은 마찬가지여서 모두들 전화박스에 매달렸다.

전화를 마치고 호텔 프런트에서 달러를 중국 화폐로 환전하였다.

1달러에 8.2(元)위엔이었다. 94년도 백두산 등정을 위해 왔을 때는 한국 화폐 가치가 10배 정도는 높았었는데, 그동안 우리나라 화폐 가치가 많이 떨어졌다. 중국 인민폐가 높아지기도 했지만, IMF 이후 우리나라 화폐 가치가 많이 추락했다고 한다. 중국이 빠른 속도로 발전하고 있다는 증거이리라.

지금 내 지갑 속엔 몽골의 바트화, 러시아의 루블화, 중국의 위엔화, 미국 달러와 한국의 지폐까지 5가지 지폐가 들어 있다. 다른 나라 화폐와 환전할 때마다 느끼는 감정이지만, 화폐 가치에 대한 감각이 무뎌지는 것 같다. 환율이 높은 달러는 덜하지만 차이가 많이 나는 나라에서는 표시 안 나게 돈을 많이 써 버린 것을 알게 된다. 아마 오래도록 체류한다면 그렇지 않겠지만, 잠시 경유하게 되는 관광객들의 마음이 대부분 나와 같지 않을까 싶다.

그리고 보면 관광산업이란 것이 엄청난 부가가치 산업인 것을 알 수 있다. 환전 할 때마다 생기는 차익 또한 고부가가치가 형성되며, 적은 자본으로 서비스업, 운송업, 숙박업 등 3차 산업의 중요한 몫을 차지하는 점에서 국가 정책 차원의 지원육성산업임을 알 수 있다.

오랜만에 호텔에서 정갈한 음식도 먹고 한국에 안부 전화까지 하고 나니, 왠지 모르게 마음이 편해졌다. 그리고 호텔 침대에 누우니 쾌적한 기분이 들었다. 아무래도 열차의 침대는 오붓하고 재미있기는 하지만, 오랜 시간 흔들리면서 가고, 에어컨도 기차가 서면

나오지 않으니 후덥지근해서, 피로가 쌓인 느낌이 들었다. 여행의 피로도 풀고 내일의 일정을 위해 일찍 잠을 청했다.

2001년 6월 21일(목), 여덟째 날.

다음 날 '신(新)만주리' 기차역에서 오전 9시 15분발 치치하얼행 열차를 탔다. 만주리(滿洲里)는 기차역이 두 군데인데, 어젯밤에 내렸던 역이 아니라 새로 지은 신만주리 역에서 승차하여 출발했다.

우리는 6인 1실 객차를 탔는데, 객실마다 출입문이 있는 게 아니라 3층 침대 두 줄씩 칸막이가 되어 이어진 객차였다. 여섯 명이 좁은 공간에 붙어 있다 보니 움직일 때마다 먼지가 날리는 불편함은 감수해야만 했다.

그런데 화장실에서 깜짝 놀란 것이, 재래식 변기가 바로 땅 밑으로 직통으로 뚫려 있어서 철도 선로가 보였다. 수세식이 아니라 이처럼 '직통 낙하 시스템'을 사용하고 있다니, 처음엔 내가 잘못 본 줄 알았다. 그러다 문득 러시아 철로 주변보다 중국 철로 주변에 유난히 이름 모를 꽃과 풀들이 가득 피어 있던 것이 떠올랐다. 그게 다 이런 천연 비료 덕분이었던가, 피식 웃음이 났다.

열차 밖의 풍경은 초원 지대로 이어지다가 조금씩 산들이 보이기 시작했다. 지도를 펼쳐 보니 기차는 대흥안령산맥을 넘어가고 있었다. 고도계를 놓고 보니 1,000m 고지였는데, 전혀 높은 산을 넘어간다는 생각이 들지 않았다. 주변에 높은 산이 많아서 상대적으로 낮아 보이는 것 같다.

　대흥안령(大興安嶺)산맥은 흑룡강성 북부에서 시작해서 남서 방향으로 뻗어 있는 대산맥이다. 높이는 1,200㎞, 폭은 200~300㎞, 해발 고도는 1,100~1,400m이며 산맥의 크기가 거의 한반도와 비슷할 정도로 어마어마하다. 소흥안령의 서쪽으로 내몽고 자치구, 남쪽으로 러시아와 맞닿아 있다. 소흥안령(小興安嶺)산맥은 대흥안령 오른쪽으로 대칭이 되어 'ㅅ'자 형태로 산맥이 형성되어 있다. 흥안령산맥에서 내려오는 물길이 발원하여 두 산맥 중간 부분에서 합쳐져 눈강(嫩江)이 흐른다.

▲ 대흥안령 고개를 넘어가는 기차에서 찍은 정상 부분 바위산

▲ 대흥안령 고개 넘어가는 정상 부분 바위산

필자는 처음에 봉우 선생에게서 "우리 조상들이 대흥안령산맥을 넘어서 이동했다."라는 말을 들었을 때, 막연히 무슨 큰 산맥이 가로막혀 있는 줄 알았다. 그런데 막상 와서 살펴보니까 완만한 기찻길이었다. 길게 뚫어 놓은 터널도 하나 없으며, 힘들여 올라가는 경사진 산길도 아니고, 그저 완만한 고갯길이다.

아마 조상들은 말 타고 목초지를 따라서 양 떼들을 몰고 어렵지 않게 넘어왔을 것 같다. 하지만 이곳은 나무도 없고 물도 없는 척박한 바위산이어서 사람과 가축이 살 만한 환경은 못 되고, 그래서 강을 따라 대흥안령과 소흥안령 사이의 너른 평야로 내려갔을 것이라는 생각이 들었다.

대흥안령과 소흥안령 사이로 드넓은 송눈평야가 자리 잡고 있었으며, 송화강과 눈강이 그 사이를 흐르고 있다. 몽고의 초원은 고원지대였지만 송눈평야는 말 그대로 평야 지대의 초원으로, 바로 우리가 알고 있는 요동벌이다. 크기를 가늠하려고 한반도의 지도를 압록강을 중심축으로 삼아 그대로 잘라 180°로 돌려서 붙여 보니 비슷한 모습과 크기로 보였다.

그리고 이곳이 바로 간도(艮道) 지역 만주 벌판이다. 일제 강점기 독립운동사에 얼마나 자주 등장하는 지명이던가? 조선의 일반 백성들과 유명·무명의 독립 투쟁가들에게 이 광활한 벌판은 생과 사를 넘나들던 혹독한 벌판이었으리라. 빼앗긴 나라를 되찾기 위해 부모 형제 자식과 생이별한 채 병들고 굶주리며 무질러 달렸을 선열들에게 이 황무지 벌판은, 이미 목숨을 도외시한 혹독하고 서러운 가시밭길이었으리라.

그때 그 역사의 현장이 불현듯 가슴에 다가와서 숙연해졌다. 수많은 선인과 선열들이 무질러 간 이 들판을, 직접 밟아 보지도 못하고 그 뜻을 기리지도 못한 채 이처럼 지나쳐 가는 게 못내 안타깝고 죄스럽다.

내 마음을 달래 주는 듯 양지바른 언덕 한쪽으로 패랭이와 개망초, 할미꽃이 연이어 피어 있다. 어쩌면 저 꽃들은 그때 그 숨 막히는 어느 순간, 역사의 고갯마루에서 피어 있었던 그 모습 그대로 지금 또다시 피어 있는 것은 아닐까…….

아득한 시간은 쏜살처럼 흘러갔지만, 내 상념의 들꽃은 그때 그 자리 그 모습 그대로 말없이 피어올랐다. 그 들꽃 평야를 지나 열차도 어느새 대흥안령을 지나고 있다.

바이칼의 밝음과 순수의 정기를 머금고 피어난 들꽃들이

동(東)으로 아침 해를 따라

고조선 단군의 흰 백성들이 넘어가는 흥안령 고개에 피어났네.

말 잘 타고 활 쏘며 초원을 휘달리던

부여 고구려 병사들의 말발굽에 짓밟히기도 했고,

잃어버린 나라를 찾고자 목숨 걸고 이 고개를 숨어 넘던

조선 백성의 손아귀에 향수의 설움으로 움켜잡히기도 하였네.

이제 다시 흰옷 입고 철마를 달려,

원시반본(原始返本)의 고토를 되찾는 이의 눈에 밟혀서,

밝음을 다시 밝히고자 이 고개를 숨 가쁘게 넘는

한배검의 무리에게 다시 환하게 피어났네.

_필자 作

눈강, 백두산 천지와
합쳐진 강물

▲ 눈강 지도

    열차는 눈강을 따라 달리고 있다. 눈강(嫩江)은 송화강을 이루는 2대 원류의 하나이다. 흥안령에서 발원한 눈강은 치치하얼에서 대안으로 이어지는데, 길이가 1,370㎞, 유역면적이 24만 4,000㎢이다. 대흥안령산맥과 소흥안령산맥에서 흘러내리는 30여 개의 하천이 합류해서 남쪽으로 흐르다 송눈평원을 적시고, 하얼빈의 서쪽에서 곧 백두산에서 발원한 송화강과 합류한다. 특히 눈강의 중류는 토지가 비옥해서 밀, 콩 등의 곡식을 생산할 수 있다고 한다.

소흥안령산맥은 대흥안령산맥의 북부에서 갈라져서 흑룡강을 따라 뻗는데, 남쪽으로 송화강을 사이에 두고 장백산맥에 이어진다. 송화강은 백두산 천지에서 발원해 북서쪽으로 오르며 송원(松原)을 지나 흐르다가, 눈강과 길림성 북서단의 삼차하(三岔河)에서 합류한 뒤, 북동쪽으로 물길을 바꾼다. 이를 동쪽으로 흐르는 동류 송화강이라고 한다. 동류 송화강은 하얼빈을 거쳐 의란(依蘭)에서 목단강을 합치고, 다시 가목사(佳木斯)를 지나 흑룡강성 북동쪽 끝에서 러시아의 아무르강에 합류하여 동해바다로 흘러 나간다고 한다.

낮 12시 15분쯤 대안(大安)역에 도착해서 바로 눈강의 '대안항'으로 갔다. 강폭이 상당히 넓었는데 바다에서 흔히 볼 수 있는 수백 톤급의 큰 배가 준설선과 함께 있었다. 대안항은 길림성 최대의 내해 항구라고 한다. 내해 항구는 바닷가의 항구가 아니라 강물의 항구로, 러시아의 원동지구와 직접 무역하는 유일한 400만 톤급의 배가 운행되는 교역항이라고 한다.

강가로 가서 강물에 손을 담가 보았다. 이것이 대흥안령과 소흥안령으로부터 내려온 물과 백두산 천지(天池)의 물이 합쳐진 강물이라니 신기하면서도 푸근한 마음이 들었다.

강가에 크고 긴 조개껍질이 많이 널려 있었는데, 때마침 그물질하던 중국인에게 물어보니 '쭈쭈깔라'라는 식용 조개라고 한다. 우리나라의 키조개와 거의 비슷했는데, 강물이 오염이 안 돼서 그런지 꽤 많은 양이 잡힌다고 한다. 큼지막한 게 좋은 양식거리가 될

◀
눈강의 제방

◀
눈강가

◀
식용 조개를 들고
선 필자와 아내

수 있을 것 같았다.

　고대인들은 주로 강을 따라서 씨족이나 부족국가를 이루며 살았다. 이처럼 강에서 식수를 얻고 고기잡이도 할 수 있는 환경을 따라서 살펴보니, 물길이 바이칼에서 백두산까지 연결돼 있었다. 백두산에서 흘러내린 천지(天池)의 호수물이 송화강으로 흘러서 대흥안령에서 내린 눈강의 강물과 합류한다. 송화강과 눈강의 강물은 그 지류가 내몽골과 울란우데를 통하여 바이칼호수로 유입된다고 한다.

　육로도 바이칼에서 울란우데까지, 울란우데에서 울란바토르까지, 울란바토르에서 만주리까지 이어지고, 또는 울란우데에서 만주리로 이어진다. 그리 험하지 않아서 말 타고도 충분히 넘을 수 있는 대흥안령 고개를 넘어 치치하얼에 이어지고, 대안과 장춘이 백두산과 만나게 된다. 우리의 답사도 이러한 "민족의 밝은 길 왕래대통로(往來大通路)"를 따라 내려왔던 것인데, 충분히 가능성 있는 사실임을 확인할 수 있었다.

　밝은이는 밝은 해와 달을 따라 오갔을 터이고, 고릿적 사냥꾼은 도망가는 사슴을 따라 활을 들고 오갔을 터이다. 강가의 어부는 번쩍이는 물고기 비늘을 쫓아 물길을 따라 오갔을 터이고, 야생의 말들은 더 넓고 푸른 들판을 찾아 자유롭게 달렸을 게고, 아름다운 새들은 계절을 바꿔 가며 자유로이 날아 오고갔으리라.

해모수의
북부여 치치하얼

저녁 9시 반쯤 흑룡강성 치치하얼시(市)에 도착했다. 치치하얼은 눈강 하류에 있는 도시로 흑룡강성에서 하얼빈(哈尒濱) 다음으로 큰 도시이며 인구는 약 500만 명이다. "치치하얼"은 위구르의 말로 '변경, 변방'이라는 뜻이며, 21종의 학(鶴)이 사는 학의 고장이라 한다.

▲ 치치하얼역에 내린 필자의 아내

▲ 기차 안에서 잠시 눈을 감고 쉬고 있는 필자

치치하얼역은 네온사인 불빛이 현란하게 켜져 있고, 만주리역보다 커 보였다. 이십여 명이 넘는 우리 일행이 여행 가방을 끌고 긴 행렬을 이루며 나오자, 주변 사람들이 호기심 어린 눈으로 쳐다본다. 아마 이렇게 대규모 여행객은 처음 보는 것 같았다. 돌이켜 보니 이번 일정은 상당한 강행군이다. 우리가 가는 답사 코스는 일반 관광 루트로 개발된 게 아니라서 힘든 여정이 될 수밖에 없다. 이제 남쪽으로 내려갈수록 여름이 깊어지니 더 힘들어질 것이다. 건강에 주의해서 남은 일정에 더욱 충실해야겠다는 생각이 들었다.

일행은 호빈(湖賓)호텔에 여장을 풀고 늦은 저녁 식사를 했다. 여행을 떠나온 지 일주일이 지나서 체력이 떨어진 것일까. 된장찌개와 잘 익은 김치에 따뜻한 밥이 그리워졌다.

2001년 6월 22일(금), 아홉째 날.

다음 날 새벽에 치치하얼역으로 와서 오전 5시 15분발 대안행 열차를 탔다. 좌석은 좁고 불편했지만 좌석 번호에 상관없이 빈자리에 가서 자유롭게 앉을 수 있고, 중국 사람들과 이야기를 나누며 갈 수 있어서 또 다른 재미가 있었다.

가방을 선반 위에 얹어 놓고 자리에 앉으려는데, 남자 역무원이 와서 좁은 선반 경계 밖으로 가방이 걸쳐졌다고 손짓하며 땀을 흘리면서 다시 고쳐 놓는다. 우리가 보기엔 별문제가 되지 않아 보였지만 할 수 없이 같이 고쳐 놓고 나니, 그가 부동자세로 경례하며

큰 소리로 무어라고 외친다. 그 모습이 재미있어서 손뼉을 쳐 주고 한바탕 웃었다. 다른 자리의 승객들도 웃으며 재미있어 했다. 그의 모습에서 사회주의 국가 공무원들 특유의 경직된 모습과 더불어, 무협지 속의 장난기 많은 중국인의 익살스러운 모습이 겹쳐져서 웃음이 났다.

차창 밖으로 송눈평야의 끝없는 갈대밭과 푸른 초지가 펼쳐져 보인다. 송눈평야는 송화강(松花江)과 눈강(嫩江)의 충적으로 형성된 곳이라, 각 강의 앞 글자를 따서 "송눈평야"라고 부른다고 한다.

치치하얼은 대흥안령산맥 자락에 자리를 잡고 있다. 그리고 대흥안령산맥과 소흥안령산맥의 중간에 있는 도시로서 눈강이 흘러 내리는 비옥한 토지를 이루고 있는데 사람들이 살기에 좋은 비옥한 토지와 강을 끼고 있는 적합한 환경을 지니고 있다. 이에 역사학자들은 해모수의 북부여가 이곳 치치하얼에 수도를 정했다는 학설이 있다고 한다.

해모수는 『구삼국사』와 『삼국사기』 「고구려본기, 건국신화 조」에 의하면, 천제(天帝)의 아들로서 천제의 명령에 따라 서기전 58년 오룡거(五龍車)를 타고 지상으로 내려와 인간 세상을 다스렸다고 한다. 그는 천제로서 직접 흘승골성(紇升骨城)이라는 곳으로 내려와 북부여를 세웠으며 부루(扶婁)를 낳았다고 한다. 또 해모수는 하백의 딸 유화(柳花)를 만나 주몽을 낳았는데, 후일 주몽이 해부루의 핍박을 피해 엄니수 다리를 건너 도망쳐서 졸본에 세운 나라가 고구려라고 전승되고 있다.

또 역사학계에서는 광개토대왕비에 '엄니대수(奄利大水)를 건넜다.'라는 문구가 있는데, 이 엄니대수가 홍강이라는 학설과 송화강이라는 학설이 있다고 한다. 해모수의 북부여가 치치하얼 부근이라면 엄리대수는 눈강이나 송화강이 될 수 있다고 보기도 한다.

송화강 유역의 면적은 55.68만㎢, 길이는 남쪽으로 1,027㎞, 북쪽으로 2,309㎞라고 한다. 송화강의 남쪽의 지류는 백두산에서 발원하는 물줄기에 닿아 있으며, 북쪽으로는 눈강과 합류한다.

단재 신채호는 송화강(松花江)을 우리 민족의 '아리수(크다는 뜻의 우리말 '아리'와 한자 '수(水)'를 결합한 말. 고구려 때 한강을 부르던 말)'라고 했다. 이는 내몽골, 길림성, 흑룡강성의 3개 성에 걸쳐 흐르는 90여 개의 물길이 송화강으로 유입되기 때문이라고 한다. 풍부한 수량의 강을 끼고 있는 땅은 토지가 비옥하며 도읍지로 손꼽히는 곳이다. 이런 배경으로 우리 민족의 고대문명을 일으킨 도시로서 아리수가 곧 송화강일 가능성은 충분해 보였다.

눈앞에 펼쳐지는 송눈평야는 차창 밖으로 보아도 고대의 수도 자리로서 손색이 없어 보일 정도로 비옥하게 보였다. 평평하고 넓디 넓은 초지엔 말과 양들이 방목돼 있고, 농작물을 심어 가꾼 경작지들이 끝없이 이어져 있다. 대안(大安)시 쪽으로 내려갈수록 흙담에 갈대로 지붕을 엮어 이은 집들이 보인다.

▲ 송화강

137

대안부터는 길림성(吉林省)에 속한다. "길림(吉林)"은 만주족 말로 '강(江)의 연안'이라는 뜻이라는데 여기에서 강은 송화강(松花江)을 가리킨다고 한다. 인구는 약 3천만 명으로 조선족은 100만 명이 살고 있다고 한다.

도로 양옆으로는 옥수수밭 평원이 이어지고, 드문드문 집들이 보였다. 그런데 얼핏 봤을 때는 무슨 흙더미인 줄 알았다. 벽이며 지붕이며 울타리까지 흙으로 지어져서, 마치 군대에서 만든 참호처럼 눈에 잘 띄지 않는다. 흙도 붉거나 검은색이 아닌, 베이지색과 비슷한 흙색이라 마치 토굴 같다. 그나마 TV 안테나가 보여서 사람 사는 곳임을 짐작케 했다. 제법 여러 가구가 있는 마을에는 갈대 종류로 엮어서 옥수수를 저장해 놓은 곳간이 여러 개씩 있었고, 도로에는 미루나무 가로수가 끝없이 이어져 있다. 마치 내 어릴 적인 70년대 우리나라 시골 풍경을 떠올리게 해서 인상적이었다.

▲ 토굴집 민가

버스가 갑자기 천천히 간다. 무슨 일인가 하고 앞을 보니 석유 시추작업 하는 곳을 지나고 있었다. 길림성 백성시(白城市) 남쪽의 작은 마을이었는데, 석유 시추기가 십여 개나 설치돼 있었다. 우리는 보는 순간 탄성을 뱉었다. 중국 동북 삼성(길림성, 요녕성, 흑룡강성) 지역에 석유가 매장돼 있다는 건 알고 있었지만, 눈으로 직접 확인하니 기분이 언짢았다.

한반도의 어디에서도 기름 한 방울 나오지 않고 있는데, 바로 위쪽인 길림성에서는 석유가 쏟아지고 있다. 게다가 이곳은 조선족 자치구인 데다가, 조금만 더 시선을 돌리면 바로 고구려인들이 말 달리며 누비던 우리 민족의 터전이 아닌가 말이다. 전혀 남의 땅이라는 생각이 안 드는데 석유를 탐내는 건 욕심인가, 씁쓸했다. 다만 중국에서 천천히 조금씩만 시추하길 바랄 뿐이다. 본래 주인이 다시 돌아올 때를 기다리면서…….

오후 8시 반쯤 장춘에 도착해서 장백산 호텔에 짐을 풀었다. "장춘(長春)"은 길림성에 속한 도시로, 한배검께서 고조선의 첫 수도로 삼은 '신시(神市)' "아사달"이 있는 곳이다. 고대에는 부여, 읍루, 숙신, 말갈 등의 부족과 고구려 발해의 강역이며, 만주족 발상지 중 하나로 역사가 유구한 곳이다.

눈강과 송화강 유역의 수량이 풍부하고 지하자원도 많은 평야 지역인 하얼빈, 송원, 삼차하, 장춘 등이 바로 단군왕검이 도읍하신 아사달(阿斯達)이다. 또한, 송화강이 내몽골과 연결되고, 이는 바

이칼호수와 연결된다. 바이칼-내몽골-대흥안령-눈강과 송화강
유역의 아사달 신시와 북부여, 그리고 장백산과 장춘-백두산까지
연결 통로가 그려진다.

역사의 현장
길림성 장춘(長春)

2001년 6월 23일(토), 아홉째 날.

오늘은 장춘(長春) 시내를 돌아보는 일정이다. 장춘은 우리에게 역사적인 신성한 장소이기도 하지만, 아픈 상처를 지닌 도시이기도 하다. 장춘은 일제 강점기 때 일본군들이 만주국이라는 허수아비 국가를 세우고 신경(新京)이라는 수도로서 세운 도시였다. 그때 부설한 철도가 아직도 전동 철도로 이용되고 있었고, 시내 곳곳에 지하 갱도를 뚫은 곳이 미로처럼 많이 남아 있다고 한다. 또한 그때 지어졌던 만주국의 궁이었던 곳이 지금은 길림성 박물관으로 남아 있다고 한다.

그리고 이곳이 중국 청나라 마지막 황제인 부의(薄依)가 일제의 강압에 의해, 만주국 황제가 되어 살던 궁전인 것이다. 비운의 황제, 부의. 주권과 나라를 빼앗긴 채 수모를 당했던 임금이 어찌 중국만의 일이겠는가. 우리 민족도 패전국의 수모를 여러 번 당하였고 그때마다 민초들이 겪은 비참함에는 비할 바가 못 되지만, 고귀한 신분을 가진 사람들 또한 참을 수 없는 고통을 당하였던 것이니 중국 청조의 현실이 남의 일만은 아니라는 생각이 들었다. 궁전은 부의 황제 자료실인 왼쪽의 외전과 오른쪽의 박물관으로 사용되어지고 있는 내전으로 나누어져 있었다.

그런데 외전에는 부의의 자료실 이외에도 일본군 731부대의 잔인하고 천인 공로할 비인간적 행위를 규탄하는 사진 전시실이 있어서 놀라움을 금치 못하였다. "만주 731부대"라 함은, 몇 년 전 『마루타』라는 제목의 책으로도 국내에 출판되면서 잘 알려진 사실이다. 일제시대 일본군이 만주일대의 중국인과 한국인을 강제로 끌고 가, 인간으로서는 할 수 없는 잔악한 생체 실험을 자행했던 특수부대이다.

중국인들은 그러한 일본의 행위를 잊지 않고 역사의 산교육의 증거로 남겨 놓고 있었던 것이다. 인간의 전쟁 역사상 전무후무한 극악한 행위를 자행했던 증거물을, 종전직후 찍은 사진으로 남겨 전시하고 있어서 상상을 초월하여 소름이 돋을 정도였다. 가장 피해를 크게 당한 우리나라에서는 이와 관련한 실재 역사에 대한 올바른 판단과, 역사를 보는 교육적 근거 하나 마련되어 있지 않은 현실이어서 더욱 한심하고 분노가 치밀었다. 아무리 생각해 보아도 도무지 역사가 바로 세워지지 않은 현실이다.

또한 반인간적 행위를 서슴지 않고 자행해 온 일본은 그 만행에 대한 뉘우침과 사과도 없이, 또다시 새롭게 역사를 왜곡시키고 있다. 이는 피해 당사자들에게만 국한된 문제가 아니라, 분명히 인간 사회에 대한 그릇된 인식과 반인간적 행위이며 인간 존엄을 파괴하는 명백한 2차 가해 행위임이 분명하다. 평화와 공존을 파괴하는 잘못된 행위에 대한 인과응보는 반드시 받으리라는 사필귀정(事必歸正)의 마음으로 무거운 발걸음을 돌렸다.

중국의 감시와
통탄할 역사 왜곡 현장

우리 일행은 길림성박물관으로 향했다. 이곳은 당시 일제가 세운 만주국의 궁이었던 곳을 박물관으로 사용하고 있었는데, 지금은 철거된 우리나라의 경복궁 앞 중앙박물관 건물 양식과 똑같이 지어져 있었다.

박물관 입구에 도착했는데, 감시원이 박물관을 배경으로 하는 기념 촬영마저 금지하고 있었다. 입구에는 고구려 시대의 것으로 보이는 기단석과 주춧돌 같은 유물이 방치된 채 있었으나, 역시 그것도 사진 한 장 못 찍게 했다. 중국이 유독 한국인을 감시하고 통제하는 이유는 한국의 학자들이나 관광객들이 오면, "여기는 우리 땅이고 우리 유적이다."라는 말과 행동을 드러내 놓고 해서, 중국인들의 감정을 상하게 하기 때문이라고 한다. 여러 명의 우리 일행이 박물관에 들어서자, 이후로 그들의 감시가 더욱 심해졌다는 생각이 들었다.

　박물관 안으로 들어서서 관람을 시작하였는데, 한 장의 지도가 마음을 상하게 한다. 박물관에 걸려 있는 지도는 우리나라가 중국의 한 귀퉁이에 속국으로 표시돼 있었다. 중국이 우리의 상고사를 축소·은폐하고 있는 건 알고 있었지만, 막상 이렇게 눈앞에서 접하고 보니 숨이 막히듯 답답해졌다.

　불과 며칠 전 러시아의 바이칼 알혼섬 박물관에서 우리의 역사가 바이칼에서 전 세계로 인류가 퍼져 나간 사진을 보고 와서 그런지, 속 깊은 곳에서부터 울화가 치밀어 올랐다. 불쾌한 기분으로 어깨에 멘 카메라를 배에 걸치고 주위 눈치를 살피며, 셔터를 눌러 어떻게 사진 한 장을 건졌다. 뼈아픈 오늘의 현장을 잊지 않기로 했다.

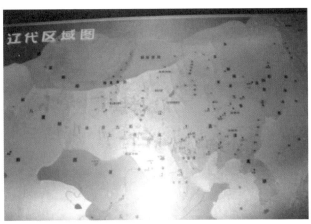

▲ 중국의 길림성 박물관에서 본 요나라 지도

145

한국으로 돌아와서 찾아보니 이는 요(遼, 916년~1125년)나라 시대 관할 영토의 지도사진이었다. 요나라는 거란족이 중국 북부와 몽골 지역에 야율아보기(요(遼)나라의 건국자, 재위: 916~926)가 건국한 왕조였다. 당시 동아시아 최강국의 위세를 자랑하며 중국 남북조 시대의 혼란을 끝내고 300년 만에 중국을 재통일한 국가이다.

역사가들의 자료를 살펴보면, 고조선은 중국의 전설시대부터 존재해 왔다고 한다. '예맥족'은 고조선을 나타내는 말로도 혼용되어 사용되었다고 한다. 여기서 예족은 기원전 8~7세기 이전에 고조선을 세웠고, 맥족은 그보다 늦게 부여와 고구려를 세웠다고 한다.

그 후 위진남북조시대에 예맥은 '오환' 또는 '선비'라는 이름으로 바뀌고, 이 명칭이 한나라 무렵 '동이'라는 말로 대치되었으며, 선비가 북위, 전연, 요나라를 세웠다고 한다. 이는 요나라 역사책인『요사(遼史)』에서 "요나라는 고조선의 땅에서 살았던 사람들로부터 유래했으며, 고조선과 같이 '팔조범금(八條犯禁)' 관습과 전통을 보존하고 있다."라고 밝히고 있다. 이로 볼 때 요나라도 고조선의 후예임을 알 수 있다. 그러나 중국은 이 모든 걸 왜곡하고 고조선을 한족의 역사 가운데 아주 작은 변방의 부족이라고 소개하고 있었다.

요즘 우리나라 교육계에서 인성교육의 하나로 선비정신을 이야기하고 있다. 여기에서 선비는 고유명사 '선비(鮮卑)'에서 유래하는 것이다. 물론 인성교육에서 말하는 선비란 유교의 학문적 지식과 도덕적 인격의 덕성을 겸하여 갖춘 존재를 말한다. 그러나 그 단어의 어원을 거슬러 올라가면 역시 선비족에 가서 닿는다. 결국 21세기의 우리는 고조선의 후예라는 역사적 정신문화사적 근원을 거슬러 찾아가고 있는 것이라고 할 수 있다.

이처럼 우리 민족의 역사에 대한 고증과 자료들이 엄연히 있는데, 중국의 왜곡정책은 더욱 심해지고 있다. 필자가 94년도에 백두산을 탐방했을 때 들렀던 장춘의 박물관에서도 그랬다. 한반도 유역에서 많이 출토된 청동기 시대의 비파형 청동검 및 부여·고구려와 발해의 유물들이 한국의 박물관보다 많이 전시돼 있었다. 심지어 발해의 제3대 문왕 대흠무(大欽武)의 둘째 딸로 알려진 정혜공주 묘비(길림성 돈화현(敦化縣) 육정산고분군)는, 석사자와 함께 원형 그대로 박물관에 옮겨져 있었다. 길거리에 마구 훼손되고 방치되어 있는 것을 연변대학교 역사과 학생들이 발굴 보존한 것이라고 한다.

우리 역사의 유적·유물들을 정작 그 후손인 우리가 보존할 수 없고, 제대로 배울 수 없는 현실이 너무나 안타깝다. 그 작은 화살촉 하나, 그 투박한 질그릇 조각 하나, 그 영롱한 구슬 하나하나에, 우리 민족의 끊임없이 이어져 온 고운 숨결이 배어 있을 것이다. 그 속에는 작은 풀잎 한 오라기까지도 사랑하는 마음과, 하늘을 우러르고 대지를 아우른 기상과, 해와 달을 본받으며 밝음을 따라 살아온 정신이 깃들어 있을 것이다. 이러한 우리 민족의 본래 모습을 보지 못하고 배우지 못하니, 진정 불행할 수밖에 없다. 보지 못하니 믿을 수 없고, 믿지 못하니 자긍심을 가지지 못하는 것이다.

또한, 상고사에 대한 학설과 논의들이 고구려는 이야기하면서 고조선과 그 이전의 역사는 논의되지 못하고 있다. 구석기, 신석기, 청동기로만 말할 뿐, 미개한 문명이며 신화로만 말할 뿐이다. 특히 고조선에서 단군 시대로 올라가는 연대에서는 유적·유물이 출토되어도 명확히 규정되는 게 없다. 물론 그 시대를 규정할 만한 드러난 역사 자료가 없기 때문이기도 하지만, 오히려 중국의 우리 역사 축소 및 은폐와 일제의 식민지 역사관, 그리고 그릇된 동양 역사관의 인식으로 인해 미신 혹은 신화나 전설로 치부되고 있는 원인이 더 크다.

봉우 선생에 의하면 고구려 당시에는 "경관(京觀)"이라고 불리는 국가 차원의 역사 자료 보관소가 있었는데, 면적이 무려 현재 한국의 서울보다도 컸다고 한다. 그런데 당나라의 침입을 받았을 때 당 태종 이세민이 제일 먼저 불태워 버렸다고 한다. 얼마나 많은 자료와 유물들을 없애 버렸으면 한 달이나 불에 탔겠느냐고 크게 화를 내시며 말씀하셨다.

만약에 아직도 경관이 남아 있었다면, 북부여와 고리국의 실재와 고조선과 단군 임금에 대한 사실 자료를 알 수 있었을 것이다. 또 바이칼 코리족(쿠림칸족)과의 관계와 우리 민족의 뿌리 계보가 모두 적혀 있었을 것이다. 무엇보다 바이칼에서 퍼져 나간 현 인류 문화의 근본이 모두 보관되어 있었을 텐데, 참으로 안타깝고 통탄

할 일이다.

중국은 진나라 시황제 때부터 장성(長城)을 쌓기 시작했다. 곧 만리(萬里)나 되는 길고 긴 만리장성을 쌓았다. 곧 동쪽으로는 발해만에 닿는 갈석산(碣石山)에서 가운데로 북경 위를 지나고, 서쪽으로가욕관(嘉峪關)까지 북방의 몽골족을 경계하기 위해 쌓은 성벽이만리장성이다.

그 넓은 중국을 통일한 나라가 무엇이 무서워서 만리장성의 높은성벽을 쌓은 것일까. 바로 장성이북의 기마민족인 말갈, 숙신, 부여, 고구려가 무서워서 장성을 쌓았던 것이다. 그러므로 중국역사가들은 "장성이북(長城以北)본비아토(本非我土)"라고 말하고 있다. 본래 만리장성 이북 땅은 흉노와 오랑캐 땅으로 자기들의 땅이 아니라는 말이다. 우리가 바로 그들이 말하는 9이(九夷)의 동이족(東夷族)이다.

우리 민족은 선비, 흉노, 숙신, 말갈, 부여, 고구려 등 이름만달리했을 뿐 모두 하나이다. 공자(孔子)도 자신이 동이족(東夷族)이라고 당당히 밝히고 있는 우리 민족의 한 사람이다. 『논어』를 살펴보면 공자는 당시에 중국에서 도(道)가 행해지지 않음을 한탄하며, 뗏목을 타고 바다로 가고자 하였고, 구이(九夷, 고조선)로 가서 살고싶어 하였다. 공자로부터 기원하는 유교의 문화가 우리 민족 동이족으로부터 시작된 것인데, 세월이 지나면서 현재 중국에서는 유교의 도(道)가 사라졌다.

공자의 걱정이 현실로 나타난 것일까? 20여 년 전 중국 정부가 자기나라에서 사라진 공자의 제례(祭禮) 의식인 '석전대례(釋奠大禮)'를 우리나라에 와서 배워 갔다. 2000년이 지난 오늘날에도 공자의 도(道)와 유교문화는 오롯이 우리나라의 전통문화로 계승되어 살아 있는 것이다. 이처럼 중국의 문화적 근본은 우리 민족에게서 나간 것이고, 예나 지금이나 일관되게 유효하다. 그 정신문화의 바탕인 장성이북의 영토 또한 우리 민족의 영토인 것이다.

우리는 민족의 역사를 잃어버리고 사대주의와 식민사관에 사로잡혀 역사의 진실을 알지 못한 채 살아왔다. 이제 다시 그 어리석음을 반복해서는 안 된다. 하루빨리 분단을 극복하고 고토를 회복해서, 자유롭게 연구·조사하며 우리의 역사를 올바르고 주체성 있게 정립해야 한다.

정확한 역사를 알아야지만 자기 자신을 제대로 알 수 있고, 역사적·문화적 자긍심을 가져서 올바르게 살아갈 수 있는 것이다. 나아가 국가와 민족 또한 바르게 발전해서 이웃과도 더불어 살아가고, 국가 간에도 당당하게 서로 존중하며 평화로운 세계를 이룩할 수 있는 것이다.

과거와 미래의 신시(神市),
장백산

장춘시내를 돌아보고, 오후에 장춘에서 길림 쪽 방향으로 버스를 향했다. 신시(神市) 아사달이며 평양성을 찾아서.

봉우 선생에 의하면 우리 민족의 시조이신 한배검께서 첫 도읍지로 삼으신 옛 평양성이 이곳 장춘 근처라고 한다. 그리고 만산의 조종(祖宗)인 성스러운 산, 장백산(長白山)이 있는 곳이라고 하셨다. 일반적으로 장백산(長白山)이라고 하면 백두산(白頭山)을 가리키는 것으로 알고 있지만, 엄연히 장백산은 따로 있다고 하셨다.

필자가 장백산을 찾기 위해 1994년에 여러 일행과 함께 길림성 교하시(咬河市)에 있는 "라파산(拉法山)"을 답사했었는데, 장백산이라고 믿기에는 미진한 점들이 많았다. 그 뒤로 늘 다시 찾아봐야겠다는 생각을 하고 있었는데, 마침 이번에 장춘을 지나게 되어서 한 번 둘러보기로 했다.

풍수지리 연구가 일행과 함께 지도를 펼쳐 들고 추정하며, 장춘에서 길림 방향으로 한 시간 정도를 달려왔다. 구합계(九合界)의 음마하(飮馬河) 지역에서 버스를 내리고 둘러보니 사방이 농작물이 심어진 평야였는데, 현지의 주민들에 따르면 한 시간 정도는 더 달려야 길림 쪽의 '시두구문(石斗口門)'이라는 산에 닿는다고 한다. 자세히 살펴보니 토질도 농작물 가꾸기에 물 빠짐이 좋아서 적합해 보이고, 장춘보다는 해발 고도가 50m에서 100m 정도 높아 홍수 피해도 적을 듯싶다. 물론 봉우 선생이 말씀하신 곳이 정확히 이곳이라는 확신은 서지 않았지만, 이 또한 평양성 일부일 것이라는 생각에 주변의 풍물들이 낯설어 보이지는 않았다.

봉우 선생에 의하면, 장백산은 만산의 조종(祖宗)인 성스러운 산이라고 하셨다. 지금 우리가 알고 있는 백두산이 아니라, 이보다 더 북쪽에 있는 장백산맥의 어떤 산이 한배검께서 인류문명의 터전을 잡으신 곳이다. 장춘에는 한배검 시절 당시 세계에서 가장 높은 산이 있었는데, 곧 장백산(長白山)이다. 장백산의 의미는 '가장 크고 밝은 우두머리 산'이라는 뜻이다. 이후 지각변동이 일어나서 장백산이 밑으로 내려앉고 지금의 백두산이 솟았다고 한다.

그 증거로 '곤륜산(崑崙山)'을 들 수가 있다. 곤륜산은 중국의 전설 속에 나오는 큰 산으로 황화강(黃江)의 발원점으로 믿어지며, 중국인들이 가장 신성시하는 산이다. 그렇지만 중국 「명산도(名山道)」에 보면 곤륜산을 산지조종이라고 하지 않고 장백산을 '산지조종

(山之祖宗)'이라 일컬었다. 곤륜산이 아닌 장백산을 더 높은 산으로 인정하고 있는 것이다.

한배검께서 이 땅에 내려올 당시 소빙하기 전에는 장백산과 백두산을 포함한 만주 지역이 세계에서 가장 높은 지대였다고 한다. 곤륜산의 '곤(崑)'이라는 글자는 옥편에 나와 있듯이 '여섯 번째 곤'이라는 뜻이다. 봉우 선생에 의하면 가장 높은 장백산으로부터 산맥이 내려가서, 순서상 여섯 번째로 큰 산이기에 곤륜산이라고 부른다는 것이다.

처음 이 말을 들은 제자들은 백두산과 혼동해서 반신반의하고 의견이 분분했지만, 봉우 선생은 강경한 어조로 반복해서 말씀하셨다. 그리고 1992년 선생께서 할 얘기가 있다며 우리를 불러 말씀하셨다.

"장백산을 함께 찾으러 갈 테니까 준비하세요. 특히 지도와 망원경하고 패철(나침반)을 꼭 준비하세요."

그래서 우리는 여권까지 다 준비해 놓았는데, 그만 선생께서 돌아가시고 말았다. 결국, 우리 제자들끼리 1994년에 라파산을 답사했지만, 장백산은 아니라는 결론이 났다.

그런데 어처구니없게도 중국이 오래전부터 백두산을 장백산이라고 주장하는데, 이는 틀린 것이다. 그런데도 계속 우기는 이유가 있다. 아마 그들도 장백산의 신성함과 그 의미를 알고 있기에 선점하려고 일부러 혼란스럽게 만드는 것 같다.

약 3백 년 전 조선과 청나라 사이에 '백두산 정계비' 분쟁이 있었다. 청나라가 강압적으로 지금의 백두산을 장백산이라고 하면서 정계비를 그곳에 설치했다고 한다. 여기서 중요한 자료가 바로 '토문하(土門河)'이다. 고구려 때부터 내려오던 우리 민족의 영토는 '장백산이 있는 토문하'인데, 청나라가 '두만강인 토문강(土門江)을 토문하'라고 우기고, 백두산을 장백산이라고 속였다. 그때부터 우리 민족의 영토가 두만강·압록강으로 제한되어 내려오고 있는 것이다.

다행히 우리 일행만큼이나 옛 고토에 관심이 깊고, 직접 장백산을 찾아 역사 탐방을 하는 사학자들도 많다. 그 가운데 장백산에 관한 연구의 대표주자 격인 '이일걸 한국간도학회 회장'의 설명(스카이데일리, 2020.04.05.)을 살펴보았다. 그에 의하면, 삼백 년 전 청나라 황제 강희제가 장백산(長白山)을 자기 조상들의 발원지인 신성한 산이라고 하며, 그곳에서 제사를 지냈다고 한다. 그곳은 '계림합달(鷄林哈達)' 또는 '길림합달(吉林哈達)'이며, 지금 지도에는 '용강(龍崗)산맥'으로 표시되어 있다고 한다.

장백산에 대한 역사를 고증하기 위해서는, 반드시 토문하가 장백산과 같은 지역에 등장해야 객관성을 지닌다. 이일걸 회장에 의하면 「황여전람분성도」의 '성경지도'에는 휘발하 상류가 셋으로 나누어진 물 흐림 아래를 토문하(土門河)로 표시하고 있으며, 옆에는 계림합달(鷄林哈達)이라 표시되어 있다는 것이다. 또 일본인이 1894년에 제작했던 「일청한삼국지도」에도 성경지도처럼 이 두 지명이 표시돼 있다고 한다.

그리고 「만주원류고(滿洲源流考)」 및 「요사(遼史)」에는 '장백산은 구 회령현 남쪽 60리에 위치(長白山在舊會寧縣南六十里)한다.'고 했다. 또한 「수도제강(水道提綱)」에는 '유변 밖의 계림합달에서 토문하가 나오며, 토문하에는 세 하천의 원류가 있고, 이 물들이 합해져서 북류한다(土門河出柳邊外之鷄林哈達……河有三源合而北流).'고 적혀 있다고 한다. 최근 밝혀진 서양의 고지도 등 여러 지도 자료에도 휘발하 상류를 토문강으로 표시하고 있다고 한다. 다른 자료에는 흥경 동북쪽 160리에 계림합달(鷄林哈達)이 있다고 한다.

여러 가지 설을 종합해 보았지만, 아직 장백산이라고 확신이 드는 곳은 없다. 그 이유 중의 하나는 현재 중국이 여러 군데를 장백산이라고 칭하며, 더욱 혼돈을 불러일으키고 있기 때문이다. 또 다른 동북공정인 것이다.

봉우 선생은 우리의 미래 수도인 단동부근 북계룡에서 5백 년을 지내다가 다시 장춘, 지금의 신경(新京) 근처로 가게 된다고 하셨다. 그래야 중국 북부의 옛 땅들이 원래 주인인 우리 손으로 넘어오게 된다고 하였다. 그렇다고 북계룡 도시가 없어지는 건 아니고 국도만 옮기는 것이다. 시베리아가 우리 손에 들어오고 몽고가 들어오면 북계룡이 좁기에, 위쪽의 장춘으로 나가야 한다. 그래서 이때부터는 장춘은 진정한 북경(北京), 북계룡은 남경(南京)이 된다. 그곳에서 우리는 백산대운(白山大運)의 5만 년 번성을 누린다고 하셨다.

장춘(長春). 한배검께서 우리 민족의 첫 도읍지로 삼으셨던 곳이며, 신시(神市) 아사달 평양성이 있던 곳, 바로 장백산(長白山)이 우리가 가야 할 원시반본(原始返本)의 고향이자 영광의 땅인 것이다.

필자의 견해로는 평양성은 현재의 장춘·대안·하얼빈·길림을 잇는 사각지대 안쪽이 아닐까 싶었다. 북쪽 송화강과 눈강이 만나 동류 송화강으로 이어지는 강줄기를 따라 예전 도읍이 형성되었고, 미래의 도읍 또한 그곳에 정해지지 않을까 가늠해 본다.

사실 이번 답사에 장백산과 평양성 아사달을 찾아보는 계획은 없었다. 오늘처럼 막연하게 두세 시간의 한정된 조건에서 둘러본다는 것이 무리임을 알고 있었다. 전문적인 사전 준비를 하고 찾는다고 해도 쉽지 않은 일이다. 이처럼 어림잡아 둘러보는 것으로 위안을 할 수밖에 없었다.

어쨌든 장백산은 다시 숙제로 남았다. 평양성 장춘(長春)과 민족의 성산(聖山) 장백산(長白山)은 반드시 찾아야 한다. 그리고 조상들이 장백산 어딘가에 숨겨 놓으신 신수(神獸) 기린(말과 용을 교배한 동물)도……

하늘 세상 수많은 별 가운데 아주 밝은 해님별 있었는데

그 해님별 별빛을 받아 빛나는 아홉 개 아름다운 보석별이 있었는데

일곱 번째 지구별 태어날 때 여섯 번 큰 개벽이 있었는데

그 마지막 개벽이 끝나고 물과 불이 생겨나고 나무돌과 흙이 생겨났는데

땅과 바다 서로 갈라져서 높이 솟아 山이 되고 아래로 흘러 바다 되었는데

으뜸 밝은 멧부리 솟아올라 모든 산을 굽어보고 동서남북 내려 보이는데

하늘별에 밝은 님 내려와서 으뜸 밝은 산자락에 사람들이 모여들었는데

하나 둘 셋 밝은 빛을 가르쳐서 곤지곤지 잼잼잼 하늘 보고 땅 보고 배웠는데

아주 많은 이들이 모여들어 베르쿨로 넘어가고 다섯 무리 사람들 만났는데

모두 함께 밝은 빛을 배워 들고 어두운 곳을 비춰 나가 땅끝까지 퍼져 나갔는데

이제 다시 크게 하나 되어 돌아와서 오래도록 평화로운 아사달에 모여들었는데

그 빛들이 모여서 둥근 지구 밝아지고 해님별이 밝아져서

하늘 세상 밝아진다는데

_필자 作

고구려 고분의 도시,
집안(集安)

2001년 6월 24일(일), 열 번째 날.

장춘에서 지난밤 9시 50분발 기차를 타고, 아침 6시 50분쯤 통화 역에 도착했다. 역에는 삼족오(三足烏) 그림을 붙인 집안 '취원여행사' 버스와 조선족 가이드 최 씨가 기다리고 있었다. 시인이고 공무원이기도 한 그는 고구려 유적 전문안내인으로서, 앞으로 3일간 우리 일행의 가이드를 맡는다고 했다. 그의 북한 말 사투리가 생소하게 들렸지만, 그 말투에서 북한이 멀지 않은 곳에 있다는 것이 실감 났다.

우리가 타고 온 열차는 장춘에서 집안까지 연결된 것인데 중간에 통화에서 내린 이유는, 고구려 수도인 집안의 국내성으로 가는 길로 답사하기 위해서였다(국내성으로 들어가는 길은 남도와 북도가 있으며, 북도로 가는 길목이 통화에서 집안으로 가는 길이다).

거리의 상인들

시내를 달리는
말과 마차

통화 시내는 예전 우리나라 시골 마을과 비슷한 분위기였는데, 특히 작은 말이 교통수단으로 달리고 있는 게 신기하고 재미있었다.

통화 시내를 막 벗어나자 크지 않은 강을 다리 위로 건너가게 되었다. 가이드의 설명에 의하면 이 강의 이름이 홍강(洪江)이라고 한다. 이 홍강은 주몽왕이 비류수에 이르러 물고기 다리를 놓아 건넜다는 그 강이라고 한다.

윤명철 교수에 따르면 기원전 3~5세기경 예맥족의 왕인 해모수가 '색리국' 또는 '고리국'으로부터 도망쳐서 '엄리대수'를 건너 부여를 세웠으며, 부여가 망하자 대무신왕인 주몽이 고구려를 세웠다는 것이 일반적인 학설이라고 한다.

여기서 고리국은 북부여를 말하며 지금의 치치하얼 지역이란 학설이 있다고 한다. 이를 뒷받침하는 지명으로 부여(夫餘)가 있는데, 하얼빈 아래쪽 대안(大安)시에서 불과 몇 십 킬로미터 떨어지지 않은 남쪽으로 내려가는 장춘 사이에, 동명왕의 북부여를 지칭하는 '부여(夫餘)' 지명이 현재까지 그대로 쓰이고 있다.

고리국은 앞서 울란우데에서 만난 가이드 뚝뵈마의 조상 코리족과 연관이 있다. 아마도 그들의 후손이 대흥안령을 넘어와서 고리국을 세웠을 것이다. 고리국이 북부여였고, 또 그 후손들이 세운

▲ 집안시 중점 문물 보호구역'이라 쓰여 있는 관마장

나라가 고구리, 곧 고구려였을 것이다.

이렇게 보면 바이칼 지역의 코리족 → 북부여 고리국 → 고구리(고구려) → 고려 → 코리아(Corea)로 우리 민족의 계보가 이어진다. 일제가 자기네 국호 Japan의 J가 먼저 나와야 한다며, 우리의 국호를 C에서 K로 바꿔서 Korea가 된 것이다. 이를 원래대로 Corea라고 돌려놓으면 신빙성이 더욱 커진다.

버스를 타고 달리자 이제까지의 풍경과는 달리 가파른 산세가 나타났다. 장백산맥에 이은 노령산맥이 통화(通化)시에서 집안(集安)시로 넘어가는 고구려 북도 길을 막고 서 있었다. 곧이어 '관마장(關馬墻)'이란 팻말이 나오고, 길은 험준한 요새 같은 계곡을 굽이굽이 돌아 올라갔다. 가파르고 험준한 산세가 난공불락의 요새임을

▲ 길림성 집안시 하천 풍경

161

한눈에 알 수 있었다. 이러한 산세에 힘입어 매복과 방어 전술을 펼치며 천혜의 요새로 이용한 고구려의 전략이 엿보였다.

고개를 넘어 집안(集安)으로 내려서니, 멀리 돌무덤이 보이기 시작하고 장군총이 눈에 들어왔다. 버스에서 내려 주변 지세를 살펴보니 먼저 압록강이 보이고, 그 너머에 나무가 드물어 밋밋한 북한의 민둥산자락이 보인다. 앞은 강물이 흐르고 뒤쪽은 험준한 산세가 둘러쳐 있고, 대우산이 수문장처럼 지켜서 있는 집안은 커다란 분지를 이루고 있었다.

고구려의 삼화(三火),
암각화

집안에 들어선 우리 일행은 먼저 집안시 박물관을 둘러보기로 하였다. 집안박물관에는 주로 집안 지역에서 출토된 상고시대의 유물과, 부여·고구려·발해의 유물들이 전시돼 있었다. 박물관의 규모는 작지만, 한국의 국립 박물관에 전시된 유물보다 많아 보였고, 고구려 수도였던 현지에 와서 본다는 생각 때문인지 그 느낌이 더 생생했다.

특히 우리의 눈길을 끄는 것이 있었다. 집안의 어느 동굴 벽에 그려진 암각화(岩刻畵)를 탁본해 놓은 것으로, 단일한 선으로 사람 모양의 형태와 머리 위에 마름모 사각형 속에 열십자를 그린 것이었다.

이는 바로 정신공부에 통달한 이의 머리 위에서 삼화(三火) 원광(圓光)이 빛나고 있는 것을 그린 것이다. 삼화는 부처나 예수의 초상화 그림에서도 흔히 볼 수 있다. 이러한 삼화 상징은 북아메리카·잉카·마야·아시아 등 고대문명 유적지의 동굴 벽화에서 공통으로 등장하는 것으로, 서구인들은 이를 외계인이나 우주인이라고도 하는데 「천부경」 연구가들의 견해에 따르면 이는 정신공부의 결정체를 상징한 삼화 그림이라고 한다.

이러한 암각화가 이 지역에서 발견됐다는 것은 시사하는 바가 아주 크다. 바로 여기에 살았던 이들이 정신공부를 했다는 증거가 된다. 득도(得道)해서 그 상징인 정상 삼화(頂上三火)를 동굴 벽에 남길 정도였으니, 한마디로 밝은이들이 살았었다는 역사의 기록이다.

정상 삼화는 정신력의 결정체이며 말 그대로 정화(頂火)라고 하는데, 처음엔 정수리 위쪽으로 한 가닥의 신비한 밝은 빛이 나타나고, 점점 경지에 이르면 세 가닥으로 자라서 둥글게 원을 이루어 비춘다. 더 나아가면 전신을 감싸는 원광을 두르게 되며, 그 정신력에 따라 무한한 지혜의 밝음과 능력이 생겨나는 것이라고 한다.

이러한 암각화와 실제 사례들이 있다는 것은, 우리 민족이 정신수련 공부를 해서 태곳적부터 간직해 온 밝음을 밝혔던 하늘의 자손임을 증명하는 것이다.

고구려(高句麗)라는 나라 이름 자체가 밝은 나라라는 뜻이다. 조선 말기의 국어 학자였던 권병훈(權丙勳)이 밝혀 놓은 33권 분량의 『육서심원(六書尋源)』(자전(字典)과 자학(字學)을 겸한 책)을 통해서 살펴보면 다음과 같다.

먼저 '고(高)'라는 글자의 형상은 '아래의 집 위에 거듭 집이 지어져 있는 모습'으로 그 뜻은 『역경(易經)』「계사전(繫辭傳)」에서 말하듯이 '높고(崇) 존귀(貴)한 것이 불(火)인 태양만 한 것이 없는 하늘' 곧, '천체(天體)'를 의미한다.

그리고 '구(句)'라는 글자는 중국 전한 시대의 지리 서적인 「전한지리지(前漢地理誌)」에 따르면, '태백(太白)이 처음으로 거하던 곳'을 구(句)라고 이름한다고 밝히고 있다.

'려(麗)'라는 글자의 형상은 '사슴의 머리에 난 두 가지 뿔의 모습'으로 중화(重火)의 뜻'이 있고, 역(易)에서 '리(離)'는 '리(麗)'와 같은 뜻으로서 일월의 밝음을 나타내어, '밝은 빛이 빛나는 뜻[麗는 明光華之義]'이라고 했다.

이를 종합해서 풀어 보면, 고구려는 "일월(日月)의 밝음이 빛나는 하늘 자손의 나라"라는 의미를 지닌다.

여기서 또 하나 중요한 사실은 '麗'자는 '려'가 아니라 "리"로 읽어야 본래의 뜻에 맞는다는 것이다. 이는 건국대 신복룡 교수도 밝힌 바 있다. 원래 조선 시대까지도 '리'라고 읽었었는데, 일제 강점기 때부터 '려'로 읽히게 되었다고 한다. 이처럼 일본의 역사 왜곡 탓에 우리는 우리 민족의 국호(國號)조차도 제대로 알지 못하고 있다. 참으로 답답한 노릇이다.

"고구려"·"고려"가 아니라 "고구리"·"고리"로 읽어야 올바르다. 높은 임금이 사는 아름다운 곳인 고구려가 아니라, '높고 밝은 임금이 사는 곳'인 '고구리'이다. 우리 민족의 첫 조상인 한배검이 밝은 임금이었고, 이를 계승한 나라이기에 고구리라고 불러야 마땅하다. 아름답고 고운 나라인 고려가 아니라, 본래의 뜻인 '밝음이 빛나는 나라'인 '고리'라 불러야 올바른 것이다.

실제 예를 들면, 우리가 흔히 쓰는 말 가운데 오래전에 지나간 일을 가리킬 때, "옛날 고릿적(흔히 고리짝) 이야기를 한다."라는 표현이 있는데, 이는 바로 위에서 말한 오래전의 '고리(高離)' 때를 가리키는 말이다. 또한 경기도 구리시(市)를 예로 들 수가 있다. 고구려의 도시를 슬로건으로 내세우는 이곳은 '구려시'가 아니라, '구리시'라고 명칭하고 있다. 이처럼 21세기를 사는 우리가 쓰는 말 가운데에도 엄연히 고려(高麗)는 '고리' 또는 '구리'로 실재하고 있다.

곧 고구리는 한배검의 정신을 정통으로 계승한 밝음이 빛나는 하늘 자손의 나라이며, 우리는 그 피를 이어받은 하늘의 자손인 것이다.

환도산성과 이름 모를
11,000여 개의 고분군

집안박물관을 둘러보고 나선 우리 일행은 환도산성으로 향했다. 좁고 포장도 안 된 도로를 지나자 왼쪽으로 통구하(通溝河)가 거센 물결을 일으키며 흐르고 있고, 잡풀 속에서 우중충한 색깔의 나무 판자 집이 오밀조밀 모여 있었다.

환도산성으로 걸어 올라가는데 두 명의 중국인이 따라서 올라왔다. 한 사람은 마을 어귀에서 안내인이라며 버스에 같이 타고 왔고, 한 사람은 산성 밑에 있는 민가에서부터 따라 올라왔다. 이들은 안내는커녕 우리가 사진 촬영을 하는지 안 하는지 고압적인 자세로 감시했다. 한국 관광객을 감시하는 사람들이었던 것이다. 버스를 내릴 때 일행 모두 사진기를 두고 왔는데도, 우리 어깨에 멘 필수품 가방을 예의 주시하고 있었다. 그런대로 20여 분 올라가 제법 아래가 내려다보이는 곳에서 산성을 둘러보았다.

"환도산성(丸都山城)"은 집안 시내를 벗어난 외곽에 있었으며, 국내성의 북쪽 2.5km 지점의 해발 676m 산성자산에 있다. 능선의 자연 지세를 이용하여 성벽을 구축했기 때문에 산성의 평면은 매우 불규칙한 형태이며, 성벽의 총길이는 6,947m이다. 서쪽은 칠성산이 험준한 봉우리들과 연결되어 천혜의 방어 요새를 형성하고, 북쪽은 깊은 계곡을 가까이하고 있다. 동쪽은 통구하를 따라 비교적 넓은 산골짜기가 펼쳐져 있었다. 산성의 남쪽 바로 아래에는 압록강의 지류인 통구하가 흐른다.

삼면이 가파른 수직 벽 같은 높은 산봉우리로 둘러쳐져 있고 집안 시내를 향한 남쪽은 개방돼 있었는데, 거센 물살의 통구하가 흐르고 있어서 난공불락의 천연적 지형의 산성이었다. 공격전에도 능했던 고구려가 지형지물을 효율적으로 이용해서 방어전에도 능했던 것이다. 수나라와 양나라로부터 연이어 침략을 당했지만, 그때마다 물리쳤던 저력이 이러한 축성 기술에 녹아 있었다고 생각된다. 다시 한 번 선조들의 지혜가 놀라웠다.

집안 시내 곳곳에 우거진 풀과 나무 사이로 돌무더기가 계속해서 이어졌다. 그게 무엇인지 가이드에게 물어보니, 바로 이름 없는 고구려 고분(古墳)들이라고 한다. 놀랍게도 몇몇 집들은 고분을 헐어서 담장과 마당 울타리로 삼고 있었고, 야산 밑에 민가와 뒤섞여 겨우 형태만 남은 것도 있었다.

▲ 길가에 방치된 이름 없는 고분. 민가의 담장으로 쓰이고 있다.

필자가 카메라 셔터를 누르자 가이드가 화들짝 놀라며 주의시킨다. 유적·유물에 대해서는 비디오는 물론이고 사진도 일체 금지라며, 만약에 촬영하다가 공안원에게 고발당하면 몇 백만 원에 해당하는 벌금을 물을뿐더러 가지고 있는 필름마저 모두 빼앗긴다고한다.

실제로 우리가 오기 몇 주 전에 한국 관광객이 고분에서 사진을 찍다가, 중국 감시인이 공안원에게 고발하는 바람에 필름을 압수당하고 벌금까지 물었다고 한다. 그 말을 듣자마자 나는 화가 치밀어 올라 따져 물었다.

"어째서 길가에 있는 돌무더기를 사진도 못 찍게 합니까? 그러면서 어떻게 관광객을 받고 입장료를 받는 겁니까?"

◄
창밖으로 보이는 민가와 그 뒤쪽에 보이는 고분의 윗부분

◄
야산과 민가 사이에 있는 고분

　옆에서 이를 지켜보던 일행도 항의했지만, 공산주의 체제 중국 공안원들의 제재를 피할 수는 없었다. 우리 민족의 소중한 역사 자료가 이렇게 푸대접을 받는데, 어디에 하소연도 못 하고 그냥 지나칠 수밖에 없는 것이 너무 화가 났다. 하지만 하는 수 없이 버스 안에서 몰래 창밖에 대고 사진기 셔터를 눌러 댈 수밖에 없었다.

　환도산성 아래의 고분군으로 향하자 피라미드 구조의 고분들이 나타났다. 좁은 길을 사이에 두고 옥수숫대와 잡풀 사이에 양쪽으로 길게 이어져 있었다.

통구하 오른쪽으로 '동구고묘군(洞洵古墓群)'이란 작은 비석이 돌무더기와 잡풀 속에 서 있었는데, 이는 고구려 중기의 고분군이라고 한다. 환도산성의 아래에 있다는 의미로 '산성하고분군' 또는 '산성하귀족묘지(山城下貴族墓地)'라고도 불린다. 환도산성의 남문 입구와 통구하 주변에 분포하는 동구고묘군의 무덤들은 적석묘, 봉분묘 등이다.

무덤의 개수는 1966년의 통계에 따르면 모두 11,300여 기이고, 현재는 7,160기 정도가 남아 있다고 한다. 어마어마한 수량이다. 이처럼 많은 무덤의 주인은 누구일까 의문이다. 비단 고구려인들만의 무덤이겠는가? 아니다. 분명 고조선의 무덤들도 있을 것이다.

가히 무덤의 도시라고 할 수 있겠지만, 그렇다고 을씨년스럽거나 무섭지는 않았다. 아마도 적석총의 형태, 곧 피라미드식으로 큰 돌을 쌓아 만든 무덤들이라서 그런 것 같다. 무거우면서도 어두우리란 선입관과는 달리 우선 화강암으로 만들어져서 밝고 아름다웠고, 너무 높지 않아 위압감은 없으면서도 웅장했다. 주변의 산세와 어우러져 조화로웠으며 마치 오래된 석탑을 보는 것처럼 낯이 익어 친근했다. 지척에서 통구하의 물소리가 들리고 생동감이 더해져 강한 기운이 느껴졌다. 하지만 대부분 돌무더기로 방치된 채 있었다.

'천추릉'도 그렇다. 이 능은 광개토대왕의 아버지인 고국양왕(故國壤王)의 묘로 추측되는데, 화강암을 계단식으로 쌓은 고구려 최대 크기의 적석총으로, 현재 남아 있는 것만으로도 길이가 80m, 높이가 18m에 달한다고 한다. 중국이 역시 개방하지 않고 있었다. 우리 민족의 영웅인 광개토대왕의 아버지 묘가 볼품없이 허물어진 채로 잡풀이 우거진 곳에서 방치되고 있는 것을 보니 안타깝고 그저 부끄러울 따름이다.

광개토대왕릉도 아직 확실하게 밝혀지지 않았다. 광개토대왕비와 가까운 거리에 있는 무덤에서 '원태왕릉안여산고여악(願太王陵安如山固如岳)'이라는 글자가 새겨진 벽돌이 출토되었고, 이 때문에 태왕(太王), 즉 광개토대왕의 무덤으로 추정할 뿐이다. 규모는 장군총보다 크다고 한다.

광개토대왕의 아들인 장수왕(長壽王, 394년~491년)은 이름 그대로 98세까지 오래 산 고구려왕이면서, 고구려 역사상 가장 넓은 영토와 강력한 세력을 구축했던 왕으로 평가된다. 장수왕의 무덤에 대해서는 집안에 있는 '장군총(將軍塚)'이 그의 무덤이라는 견해와, 평양 부근에 있는 '전동명왕릉(傳東明王陵)'이 그것이라는 두 가지 견해가 있다. 오늘날까지 장군총도 태왕릉도 추정일 뿐이며 확실하지가 않다고 한다.

현장에 와서 직접 살펴보니 통탄할 일이 한둘이 아니다. 모두 우리 민족 역사의 뼈대를 이루는 생생한 현장 증거물들인데, 도굴되어 파헤쳐지고 허물어져서 오늘날 누구의 묘인지 이름조차도 알 수 없게 되었다. 중국 정부에서 이처럼 내버려 두는 것은 무지(無知)함도 있겠지만, 역설적으로 자기네 조상들의 역사가 아니니 이렇게 홀대하는 것은 아닐까?

그런데 버스를 타고 가다가 문득, 무덤 발굴 현장인 듯한 모습이 눈에 띄었다. 여러 명이 고분 위에 올라가 살피고 있었는데, 그들이 입은 옷매무새와 행동들이 아무리 봐도 청소하는 인부들은 아닌 것 같았고, 조사하는 연구원인 듯 보였다. 그 광경을 보고 가이드가 갑자기 목소리를 낮추며 설명한다.

"중국 현지 가이드한테 전해 들은 이야기인데, 유물관계자들의 소문에 의하면 이 무덤은 장수왕의 무덤일지도 모른다."

필자는 그 말을 듣는 순간 또다시 깊은 탄식이 배어 나왔다…….

▲ 장수왕의 무덤으로 추정되는 사진

삼족오의 단군신화 벽화,
오회문 오호묘

▲ 오회문 오호묘 앞에서 필자와 아내

환도산성과 고분군을 뒤로하고, 집안시내 취원호텔 옆의 북한식당에서 점심을 먹기 위해 버스에 올랐다. 식사 후 일행은, 고구려 벽화를 관람하기 위해 "오회문 5호묘(五盔紋五号墓)"에 도착했다. 90년도 초반 조선일보에서 전시한 「아! 고구려 사진전」에서 보았던 그 유적 유물들을 직접 내 눈으로 볼 수 있다니, 그 감동이 생생하게 다시 느껴지면서 흥분됐다. 그래도 이곳은 입장료를 내고 관람할 수 있어서 다행이었다.

집안 분지에 무덤 5기가 동서 방향으로 길게 배치되어 있어서 '오회무덤(오회분·五盔墳)'이라고 부른다고 한다. 5호묘는 토총(土塚)인데, 돌로 쌓아서 만든 무덤 위를 흙으로 덮은 양식이다. 높고 둥근 묘 위에 올라서 잡초를 뽑는 사람들이 보였고, 입구는 철문을 달아 관리하고 있었다.

묘는 지하석실이었는데, 밖의 더운 날씨와 다르게 서늘한 한기가 느껴졌다. 관리인이 조명등을 들고 다니며 관람을 시키고 있었는데, 은은한 빛이 벽화의 분위기를 더욱 신비스럽게 했다. 잠시 어두움에 시야가 익숙하지가 않아서 내부가 잘 안 보였는데, 차츰 분위기에 익숙해지고 벽화가 눈에 들어오기 시작하자 감동의 연속이었다.

삼족오(三足鳥)가 있는 태양을 떠받치며 날고 있는 복희씨(伏羲氏), 두꺼비가 있는 달을 떠받치며 나는 여와씨(女渦氏), 불의 신 수인씨(燧人氏), 바퀴를 발에 달고 나는 제륜(製輪)의 신, 망치질하는 대장장이 신, 소의 머리에 사람 몸을 한 신농씨(神農氏), 그리고 청룡·백호·현무·주작을 타고 날아오르는 사신도(四神圖)와 천장의 꿈틀거리는 황룡 등이 세밀하면서도 아름답게 그려져 있었다. 이 모든 그림이 천지자연의 원리에 조화롭게 넘나드는 신인(神人)들의 모습이었다. 곧 단군신화를 묘사하고 있는 벽화인 것이다.

봉우 선생에 의하면 밝음을 상징하는 일월(日月)의 복희씨와 여와씨 또한 우리 민족의 밝은 임금이었다고 하셨는데, 이렇게 고구려의 역사 속에 실재하고 있었다. 참으로 경이롭고 가슴 뿌듯하다.

희한하게도 모든 그림이 날아다니는 모습이었으며, 현무나 까마귀, 복희씨, 여와씨 등이 타고 오르는 용들의 발이 모두 발이 세개인 '삼족(三足)'이었다. 그리고 용과 소 등의 눈에는 원래 야광주가 박혀 있었다는데, 모두 없어지고 소 눈의 한쪽에만 손톱만 한크기의 파란 보석이 박혀 있었다.

▲ 벽화 기념품 그림. 여와씨로 추정된다.

* 참고: 기념품은 당시 비용으로 꽤 비쌌던 것으로 기억된다. 망설이다가 한 장샀는데 지금 생각해 보니 다른 그림을 더 사지 못한 게 아쉽다.

삼족오와 발이 세 개인 삼족은 천지인(天·地·人) 삼(三)의 원리를 나타내고, 하늘에서 해와 달을 머리에 이고 날아다니는 일월(日月) 신들은 밝음을 의미함이리라.

신인들의 모습은 꽤 사실적이었다. 신격화시킨 것도 아니고, 이상적인 설화를 그려 놓은 것도 아니었다. 정신 공부를 통해 밝음을 얻어 천지자연과 더불어 조화롭게 살아가던 그 시대 사람의 실제 모습을 진솔하게 그려 놓은 것이었다.

혹자는 터무니없는 상상이라고 할지도 모르지만, 그 시대 사람들의 높은 정신문명을 돌이켜보면, 특히 밝음으로써 임금을 계승했던 역사적 사실을 미루어 보면 충분히 가능성 있는 실화라고 할 수 있다.

벽화는 채색이 1500여 년이나 지났다고 하는데 아직도 선명해서 금방이라도 날아오를 듯하다. 뚫어지게 벽화를 바라보고 있자, 이내 벽화가 살아서 꿈틀대기 시작했다. 야광주가 하나둘씩 모두 불을 밝히고, 벽화가 갈라져 그 틈새로 문이 열린다. 어느새 그 속으로 내 몸과 정신이 쑥 빨려 들어갔다. 정중앙의 관대 자리에 홀로 앉아 눈을 지그시 감으니, 곧 날아올랐다. 황룡을 타고 자유롭게 날며 우주 자연의 순행 원리에 몸을 맡겼다. 한배검의 나라이며 해모수와 동명왕의 나라이며, 하늘나라로 끝없이 날아올랐다.

바로 이곳 오회문 오호묘는 그 궁극의 세계로 가는 시공(時空)을 초월하는 비행선이었다.

정신과학과 건축미의 결정체, 장군총

"장군총(將軍塚)"은 집안의 북서쪽 수문장 역할을 하는 용산(龍山) 기슭 아래 자리 잡고 있었다. 화강암을 쌓아 만든 7층 방형 계단식 석실묘(石室墓: 지하에 묘광을 판 후 돌을 이용하여 무덤방을 만든 묘)인데 길이가 35m, 높이가 12m에 달한다. 이는 아파트 4층 높이에 해당하는 것으로 실로 엄청난 규모이다.

기단석은 4단이고, 나머지 6층도 각각 세 단씩으로 층을 이루고 있다. 모나고 차가운 돌을 쌓았는데도 그 선이 부드러워서 따뜻함이 느껴졌다. 석축을 보호하기 위해 한 면에 세 개씩 모두 12개의 정호석(頂護石)을 기대어 놓아, 1500여 년을 거뜬히 지탱하게 한 기술이 돋보였다. 한마디로 과학적인 기술과 건축미의 결정체였다.

나는 아주 중요한 사실을 발견했다. 바로 관을 넣어 안치한 묘의 현실이 5층 중앙에 있다는 것이다. 7층 가운데 5층에 현실을 두고

▲ 장군총 전경

▲ 장군총 앞에서 필자와 아내

있다는 것은 고구려인들이 고도의 정신과학 문명을 지녔음을 증명하는 것이다.

7대5, 4분의 3, 이는 황금분할 비례다. 건축에서는 물론이고 자연 생태와 인간의 생명과 우주 순환의 원리를 생성케 하는 진리의 법칙이다. 이집트의 피라미드도 현실이 7할의 높이에 있어서 미라가 부패하지 않고 수천 년을 보존될 수 있었다고 한다. 산에서도 자연산 산삼(山蔘)의 자생지가 7부 능선이듯이, 그 신묘한 기운이 집약되는 곳이 바로 10분의 7지점이다. 우리 민족 전래의 단전호흡수련에서도 7할의 숨만 들이쉬고 내쉬고, 기운이 모이는 유기(留氣) 3할은 단전에 쌓는 것이 요점이다. 동양의 예술도 이를 본받아 꽉 채우지 않고 항상 남겨 두는 여백의 미를 중요시한다.

이렇듯 장군총을 통해 고구려인들이 정신수련을 통해 밝음을 얻고, 우주 자연의 원리와 인간 생명의 과학적 삶에 통달해 있었음을 가늠할 수 있었다.

윤 교수에 의하면 기와를 얹은 건축물이 세워졌던 형태의 유물들이 발견된 것을 미루어 볼 때, 7층 지붕 위에 있는 개정석 위에 탑이나 제사를 받드는 향당(享堂)이 세워져 있었을 것이라고 한다. 이 장군총은 고구려 어느 왕의 묘인지 아직 밝혀지지 않았다는데, 고구려인들이 하늘의 자손이라 자부했고 그러한 조상을 숭배했던 점을 미루어 보면, 묘 위에 천제(天祭)를 지내는 향당이 세워져 있었을 것이고, 이곳 장군총은 곧 시조묘인 동명성왕의 묘일 가능성이

크다고 한다.

밝혀지지 않은 역사의 비밀들이 어서 풀리기를 바라며 장군총을 나섰다. 밖으로 나오자 입구에서 들어올 때 보았던 돌무더기를 파는 할아버지가 여전히 일하고 있었다. 그는 집안 내의 유적·유물을 발굴하는 일을 한다고 했다. 문득 장군총을 들어가기 전에 그와 나눴던 이야기가 떠올랐다.

조선족인 듯한 그가 우리 일행을 보고 "어디 가요?"라고 물었다. 우리가 장군총을 보러 왔다고 하자, 그가 "장군총은 볼 것도 없는데 뭘 보러 가요? 저쪽에도 어마어마한 유물과 그림이 많아요. 파기만 하면 뭐가 나와, 파다가 다 덮었어요. 중국 사람들이, 장군총이 제일 별거 없으니까 보여 주는 거예요."라고 말했다. 나는 장군총을 둘러본 감격에 겨워서 아직 흥분이 가시지도 않았는데, 이 장군총이 볼 게 없는 것이라니 할 말이 없었다.

후일담이지만, 필자가 아내와 아들과 함께 10년 후(2010년)에 이 장군총을 역사 탐방 왔을 때, 분명 그 할아버지가 땅을 파던 곳이 다시 흙으로 덮여져 있었다.

동아시아를 누빈 영웅, 광개토대왕비

장군총에 이어서 우리 일행은 광개토대왕비를 찾았다. "광개토대왕비(廣開土大王碑)"는 고구려 역사의 큰 이정표이며, 고구려가 단군 고조선의 적통을 이어받은 하늘의 자손임을 온 세계에 알리며 수천 년을 우뚝 서서 지켜 내려온 자랑스러운 표상이다.

장수왕(長壽王) 2년(414)에 세워진 이 비는, 그의 아버지인 고구려 제19대 왕 '국강상광개토경호태왕(國岡上廣開土境好太王)'의 업적을 기린 것이다. 동양 최대의 금석문으로 높이가 6.4m, 폭이 약 2m이다. 각력응회암의 사면석에 횡으로 44줄에 걸쳐 1,775자가 새겨졌는데 현재는 1,400자만이 인식되고 있다.

자연스러운 모습의 긴 바위이고, 대석과 비신 일부가 땅속에 묻혀 있다. 돌을 많이 가공하지 않고 울퉁불퉁한 표면에 글자를 새겨 넣었으며 글씨는 고풍스러우면서도 힘이 넘치는 예서체(隸書體)이

▲ 광개토대왕 비석과 그 앞에 선 필자

다. 내용은 고구려의 왕계(王系)와 비석을 세운 이유, 광개토대왕 생전의 업적, 왕릉을 지키는 수묘인(守墓人)에 관한 규정 등 크게 세 부분으로 나뉜다고 한다.

나는 한참 동안 비문에 손도 대 보고 문자를 식별해 보기도 했다. 이 비문 속에는 그 당시 동아시아의 역사적 사실과 찬란했던 고구려의 역사가 정확하게 새겨져 있어서 그 중요성을 더하고 있다.

서쪽으로는 중국의 황하 이북의 북경까지 아우르고, 남으로 백제와 신라는 물론 일본까지 진출하고, 북으로 몽골과 대흥안령산맥까지 진출해 대제국을 건설했으며, 막강한 수군을 이용해 황해를 장악했던 고구려의 업적을 자세히 적은 역사적 선돌이다. 당시 고구려의 해군력은 최강이었다고 한다. 수나라와 양나라뿐만 아니라, 당나라도 육로를 통한 침략이 실패하자 바다로 수천 척의 대군을 끌고 왔지만 역시 번번이 패했다. 명실공히 동아시아의 중심국가 역할을 했던 우리 조상의 위상이 고스란히 적혀 있다.

그러니 중국과 일본이 이걸 온전히 놓아둘 리가 없다. 특히 고구려 유민의 후손이 세운 일본으로서는 더더욱 그랬을 것이다. 고구려·신라·백제에서 들어간 유민들이 세운 나라가 일본이다. 전쟁에서 패한 원한과 이주민의 설움이 섬나라라는 폐쇄성으로 인해 좁고 삐뚤어진 근성으로 굳어져서, 오히려 그들 선조에 대한 역사 왜곡을 저지르고 있다.

신라에서 내려간 칠지도(七枝刀)에 새겨진 문자를 지워 버렸듯이, 광개토대왕비를 근대에 들어 처음으로 규명했던 일본은 그 비문마저 지우고 날조했다. 이 때문에 지금까지도 그 부분에 대한 역사적 논란을 불러일으키고 있다. 일본인들이 하늘처럼 받드는 신사(神社)에 모셔진 위패가 대부분 고구려·백제·신라의 귀족인 것을 그들도 잘 알고 있다. 그래서 일본인들은 고구려의 옛 영토가 있는 서북쪽으로 향해 서서, 아침저녁으로 두 손을 모아 손뼉 치며 고개를 조아리는 풍습이 있는 것이다.

그들이 고구려의 상징인 삼족오(三足烏)의 문양을 숭상하는 이유도 마찬가지다. 선조들의 고향인 대륙으로 향한 열망은 이해는 하지만 이제는 모든 역사적 사실을 겸허히 받아들이고, 선조들의 밝은 기상과 웅지를 돌아보는 원시반본(原始返本)의 정신을 가지길 소망해 본다.

광개토대왕비는 삼족오의 정령이 스며든 신물(神物)이다. 수천 년 밝았던 빛과 용솟음치는 붉은 피 뜨거움을 맑은 기운으로 승화시켜, 심오한 빛의 선돌 속에 갈무리한 민족의 정기(精氣)이다. 너무나 오랜 세월 후손들을 기다려 왔던 탓일까, 그 기운이 폭발할 듯 뿜어져 나왔다. 은은하면서 강한 기가 우리를 감싸 안는다. 나는 거기에 취해 다리 포개고 앉아 회광반조의 삼매경에 빠져들었다.

▲ 광개토대왕비 앞에서 일행 기념사진

한배검을 보았던 고조선 사람들은 신성한 밝음으로 그러했으리라

고조선을 보았던 부여 고구리인들이 그 밝음을 이어 그러했으리라

고구리를 보았던 고리인들이 또한 밝음을 이어받아 그러했으리라

고구리의 경관과 피라미드를 본 당나라 한족들이 절치부심했으리라

북만주 장춘과 광개토대왕비를 본 일본인들이 혈안이 되었으리라

또한 고리를 보았던 조선이 그렇게 피 토하며 목 놓아 울었으리라

나라 잃고 헤매다 마주한 독립 투쟁가들이

용솟음치는 기상과 뜨거운 피를 삼키며 그러했으리라

이제 그 길고 긴 부침의 자리를 꿋꿋이 버티고 돌아와 마주 선

한배검의 무리가 수천 년 인고의 밝은 기운을 갈무리하고 선

선돌을 감싸 안은 채 온몸으로 기운을 받아들이며 그러하였다

_필자 作

고구려 건축문화의 유산,
국내성

2001년 6월 25일(월), 열한 번째 날.

집안을 떠나 단동으로 가는 길에, 고구려 국내성터를 돌아보기
로 하였다. "국내성(國內城)"은 고구려의 두 번째 수도이다. 고구
려 2대 왕인 유리왕이 수도를 현재의 집안(集安)인 국내성으로 옮겼

▲ 국내성과 고분들 위치 지도

다. 이곳에서 400년 동안 고구려의 수도로 지내다가, 장수왕 때 평양으로 천도했다. 오랜 역사를 지닌 우리의 옛 수도로 현재는 길림성의 '지안현(集安縣)'에 있는 성터로 남았다.

고구려의 성(城)은 지혜로운 특징을 지니고 있다. 평화 시에는 국내성처럼 평지에 있는 성에서 살다가, 전쟁이 벌어지면 산성(山城)으로 올라와서 방어 작전을 펴는 두 가지 목적이 있다고 한다.

원래는 2,710m의 둘레와 10m의 높이를 가진 성이었으나 지금은 거의 훼손되고, 조금 남은 성벽 터도 현지에 아파트와 도로가 생겨나며 끊어진 채 허물어져 가고 있었다. 다행히 서쪽 성벽이 있는 곳에 고구려 특유의 축성 방식인 '치(일직선의 성벽보다 혹처럼 밖으로 돌출되게 쌓은 부분)'가 온전한 형태로 남아 있었다. 그것은 어

▲ 인근 주택의 담장으로 쓰이거나 벽돌이 빠져 있는 국내성터

느 건축회사의 담장 역할을 하고 있었는데, 그나마라도 남아 있어서 고마웠다. 회사 직원에게 허락을 받고 쌓인 철근과 모래더미를 지나 사진을 찍었다.

필자가 이번 역사철학 탐방의 첫 번째 날, 몽골항공이 결항되는 바람에 경기도 연천 임진강 근처 원당리에서 발굴한 고구려 성터 '호로골성(城)'을 미리 다녀왔었다. 호로골성은 온통 붉은색의 고구려 기와 조각들이 격자문, 새끼줄문, 꺾쇠문양으로 만들어져 있었다.

성벽의 밑 부분도 퇴물림 구조와 견치석으로 견고하게 쌓여 있었는데, 견치(犬齒)는 개의 이빨을 말하며 성벽 돌이 직육면체가 아닌 사각뿔, 즉 견치 모양인 것이다. 고구려는 북만주에 있는데 위치상 한참 떨어진 남쪽 경기도 연천에 같은 유적이 있다는 것이 실감 나

▲ 지안현에 있는 국내성 성벽 일부

▲ 경기도 연천 호로골성에 남아 있는 성벽 일부

지 않았는데, 막상 집안(集安)에 와서 보니 두 성의 축성 기법이 복사한 듯이 똑같았다.

사실 집안을 처음 지날 때 이 국내성 터를 발견했으나, 공안이 감시하고 있어서 사진도 못 찍고 그냥 지나쳐 가면서 속으로 애만 끓였다. 하지만 국내성을 도저히 그냥 지나칠 수는 없어서, 그날 밤에 몇몇 일행들과 함께 공안의 감시가 소홀한 틈을 타서 몰래 사진을 찍었다. 이렇게라도 하니 맺혔던 마음이 조금이라도 풀리는 기분이었다.

▲ 한밤에 몰래 찍은 국내성터

주몽왕의 비류수와
물고기 다리

집안의 국내성터를 답사하고 환인(桓仁)으로 가는 산길로 접어들었다. 버스는 산길을 내려와 매미들이 노래하는 산골의 한적한 여름 속으로 달려갔다.

▲ 마을에서 본, 고구려 시대부터 내려온 곡식 창고 '부경'

무더위에 지쳤는지 버스가 고장 나서 환인(桓仁)에 조금 못 미친 오리전(五里前)이라는 마을에서 수리했다. 넘어진 김에 쉬어 간다고, 모두들 버스에서 내려 물도 마시고, 현지에서 나온 과일도 사서 먹었다. 초여름의 한적한 시골 풍경은 마치 30년 전의 고향 마을로 시간을 거슬러 와 있는 것 같았다.

특이하게도 집집마다 '부경'이 지어져 있었는데, 이는 고구려 시대부터 있었던 곡식 창고이다. 그게 아직도 있다니 신기했다. 어릴 때 교과서에서 배운 것을 이렇게 눈앞에서 확인하다니, 살아 있는 역사의 현장이었다. 일행들에게 "저게 바로 우리가 교과서에서 배운 고구려 시대 창고 부경이다."라고 하니, 모두 감탄하며 바라본다.

또 흥미로운 것을 발견했다. 집마다 지붕의 추녀 끝에 쑥대나 복숭아 가지를 꽂고 붉은 끈 조각을 매달아 놓았는데, 이는 우리 민

▲ 단오절 쑥과 복숭아나무가지를 걸어 놓은 민가

족 고유 명절인 단옷날에 귀신과 액들을 물리치기 위해 행하던 의식이다. 쑥과 마늘은 우리의 민족 신화에도 등장하는 것으로, 우리에게는 상생의 음식이며, 치료약(藥)이며, 전통문화다. 복숭아도 예로부터 신선 도인이 수두룩했던 우리 전통사상에서 중요한 의미를 지닌 하늘의 과일 천도(天桃)이다.

문득 날짜를 헤아려 보니 오늘이 바로 음력 5월 5일 단오(端午)절이었다. 마을 사람들이 곱게 한복을 입고, 초등학교로 보이는 곳에 모여 풍장도 치고 춤도 추며 신명 나게 어우러지고 있었다. 이곳 사람들의 풍속이 우리 민족과 똑같아서 깜짝 놀랐다. 현재 한국에서는 사라져 버린 민족의 세시풍속(歲時風俗)이 이곳에서는 아직도 이어져 내려오고 있다니, 반갑기도 하고 신기하기도 했다.

▲ 단오 명절을 즐기는 중국 마을의 주민들 모습. 사진이 흔들려서 찍혔다.

우리가 여행객이지만 마을 사람들에게는 오히려 우리가 구경거리가 되었다. 서로 말이 통하지는 않지만 푸근한 미소로 서로를 반긴다. 다행히 버스가 큰 고장은 아니어서 타이어 수리를 하고 다시 길을 떠났다.

고구려의 첫 번째 수도라고 알려진 환인에 가까워지자 홍강이 나타났다. 홍강(洪江: 또는 혼강(渾江)이라고도 하며 압록강의 지류이다)은 주몽왕이 부여에서 도망칠 때 물고기가 순식간에 모여 다리를 놓아주어서 건넜다는 그 강이다. 역사에서는 비류수(沸流水)라고도 한다. 비류수에 대한 학설은 여러 곳에서 전해지고 있다.

동명왕신화(東明王神話)를 살펴보면, 고구려를 건국한 주몽(朱蒙)은 천제의 아들 해모수(解慕漱)가 아버지이고, 하백(河伯)의 딸 유화(柳花)가 어머니이다. 북부여의 왕 해부루의 뒤를 이은 금와왕이 주몽의 어머니 유화를 붙잡아 감시하고 있었는데, 햇빛이 유화부인의 몸을 따라다니며 비추었고 이내 알을 낳았다고 한다. 이 알에서 깨고 나온 것이 주몽이다.

주몽이 점차 자라면서 금와왕의 일곱 아들보다 화살도 잘 쏘고 지혜가 뛰어나자 금와왕이 그를 경계하며 후환을 없애고자 죽이려고 했다. 하지만 주몽은 조이(烏夷), 마리(摩離), 협보(陜父) 세 사람과 함께 부여를 도망쳤다. 비류수에 이르러 그 강을 건너기 어렵게 되자 주몽이 "나는 천제의 아들이요, 하백의 외손이다. 물을 건너게 도와주소서."하고 외치니, 곧 물 위로 물고기와 자라가 떠올라서 다리를 놓아주어 무사히 건넜다고 한다.

비류수는 지금의 환인시를 휘감으며 도는데, 생각했던 것보다는 규모가 작아서 큰 개울 정도였다.

오후 2시 반쯤 "환인(桓仁)"에 도착했다. 고구려 시조 주몽이 첫 도읍지로 삼은 곳이 현재 환인(桓仁)인 졸본성(卒本城)이다. 그리고 졸본성 가까운 곳에 오녀산성(五女山城)을 쌓았는데, 이 산성은 고구려가 멸망하기 전까지 한 번도 함락된 적이 없다고 한다. 깎아 내린 듯한 200m 높이의 절벽 위로 800m 정도 평평하게 쌓은 오녀산성은 과연 천제의 자손이 도읍을 정한 곳답게 신비스러웠다.

아쉽게도 우리의 답사 일정에 계획된 곳이 아니라서 먼발치에서 바라만 보고 지나가게 되었다. 그런데도 산성의 기(氣)가 강하게

▲ 버스를 타고 지나가며 찍은 비류수 인근

느껴졌다. 마치 산성 전체가 기운 덩어리인 것만 같다. 다음에 다시 올 때는 반드시 올라가 볼 곳 2순위로 마음속에 찜해 놓았다.

집안까지는 길림성에 속했는데 이제 환인부터는 요녕성(遼寧省)에 속한다. 환인을 떠난 버스는 산굽이를 돌아서 우모령(牛毛嶺)을 넘어 어둠 속을 헤치며 요녕성 단동시로 접어들었다. 이제는 민족의 밝은 미래를 담당할 수도 자리인 단동(丹東)으로 향한다.

▲ 멀리 희미하게 보이는 것이 오녀산성이다.

3

통일,
그리고
다시 만주
옛 땅까지

통일국가의 5백 년 수도,
북계룡

2001년 6월 26일(화), 열두 번째 날.

북계룡에 도착했다. 봉우 선생은 북계룡이 우리 민족의 미래 수도 자리라며, 우리 뒤의 세대들이 올라와서 살아갈 것이라고 예견하셨다. 이 말을 들었을 때는 그저 막연한 미래의 일이려니 생각했다. 우리가 남한에서 이 멀고도 추운 북쪽으로 올라와서 살아야 할 이유와 타당성이 느껴지지 않았기 때문이다.

그런데 그 말끝에 아주 현실적인 이유를 들려주셨다. 우리나라가 북계룡에 진출해서 살 때쯤 되면, 지구의 온도가 3~4도 정도 올라가서 지금의 남한만큼 살기에 적합할 것이라고 하였다. 필자가 이 말을 들었을 때가 80년대 중반 무렵, 그러니까 30여 년 전의 일이다. 그런데 지금 지구온난화로 인해 남한뿐만이 아니라 전 세계의 기온이 그때보다 정확하게 3~4도 정도 상승했다. 2020년 우리나라 기온은 습하고 더운 아열대기후로 빠르게 변화하는 중이다.

한배검의 조상들이 바이칼에서 삶의 터전을 이루고 살다가, 소빙하기가 와서 기후변화에 순응하기 위해 대흥안령을 넘고 북만주 장춘으로 이동했다. 우리 일행이 그 민족의 이동 경로를 따라 달려왔다. 그리고 이제는 민족의 미래 수도 자리 앞에 서 있다. 지구온난화의 기후변화에 순응하기 위해, 우리 민족이 이동해야 할 미래의 도읍지 자리이다.

만감이 교차하였다. 원시반본(原始返本)의 교차점이라는 생각이 들었다. 자연의 순리에 순응하기 위해 북에서 남하(南下)한 한배검 조상의 옛 터전과, 후손들이 남에서 북상(北上)하여 이룰 미래의 터전. 바로 그 중간 지점에 도착해 있는 것이다.

봉우 선생은 우리가 만주에 진출할 때에는 나라의 수도가 백두산 이남에 있지 않다고 한다. 그때는 압록강 바로 위편에 있는 "북계룡(北鷄龍)"이라는 곳이 수도가 될 것이라 전망하셨다. 한쪽으로는 몽고로 가고, 한쪽으로는 동북삼성(東北三省: 길림성, 흑룡강성, 요녕성)의 길림까지 들어가고, 그럼 바이칼까지 닿게 된다. 즉 우리나라는 남북통일 이후 서울이 잠시 통일국가의 수도가 되었다가, 신의주 바로 위 '단동'과 '심양' 사이에 있는 북계룡 2,000리 분지로 수도를 옮긴다는 것이다. 한편 우리의 미래 수도는 북계룡에서 5백 년 정도 지내다가 다시 장백산이 있는 장춘으로 간다고 내다보았다.

'계관산(鷄冠山)'과 오룡산의 '오룡배(五龍背)'를 합쳐서 계룡이라고 하는데, 이는 북계룡을 뜻한다. 압록강을 앞에 두고 오룡배와 계관산이 오른쪽인 백호날에 해당하고, 왼쪽으로는 요동까지 돌아나가서 다시 백두산 앞으로 돌아온 안쪽이 바로 북계룡 수도 자리이다.

압록강을 백호(白虎)로 돌아 흐르고, 봉황산(鳳凰山)을 주산(主山)으로 하고, 계관산(鷄冠山)을 안산(案山)으로 한다. 물이 맑고 깨끗하며 공기가 맑으니 사람이 살기에 좋다. 강 안쪽으로 큰 들판이 있고, 가운데 작은 산들이 있는데 산세가 좋다. 그리고 중국 땅은 흙이 질어서 비만 오면 진흙탕이 되는데, 여기는 그와 달리 토질이 좋다고 한다.

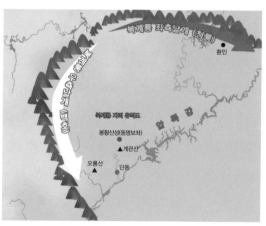

▲ 북계룡 수도 자리 예상 지도

북계룡은 특히 압록강의 물길로 인해 이로움이 많은데, 압록강에서 바로 잇닿아 있는 황해(黃海)는 해상 무역의 중심으로서 그 역할이 커지리라 전망된다. 봉우 선생도 장차 우리나라가 부강해지려면 해양력이 커져야 한다고 말씀하셨다. 고구려가 동북아를 아우르며 전성기를 누릴 수 있었던 이유도, 바로 해상력이 강했던 것이 제일 큰 요인이라고 한다. 장보고가 해상을 장악하여 막강한 세력을 형성했던 이유가 곧 그것이다.

　통일 후 바다에 인접한 단동으로 가서 서해를 제압하고 동북아시아를 장악해야 한다. 역사를 알면 밝은 미래가 있다는 것이 이러한 지혜의 혜안을 두고 말하는 것이다. 그야말로 하늘로부터 점지된 명당이라 할 수 있다. 북계룡은 대륙과 바다를 잇는 대통로(大運河)이며, 장차 한반도와 만주·몽골·시베리아를 연결해 줄 무지개다리이고, 고토회복의 첫 깃발이다.

　우리는 오룡산을 오른쪽으로 끼고 돌아 넘어서 '계관산(鷄冠山)'으로 향했다. 모이를 먹으려고 고개를 숙인 닭의 벼슬 모양과 비슷하다고 해서 계관산이라고 부른다. 압록강을 뒤로하고 계관산에서 이어지는 산자락이 도로 왼쪽으로 굽이져 내려가고, 오른쪽으로 높고 험준한 산이 이어져 있다. 가이드의 친구인 단동의 재야 사학자가 동행했는데, 그에 의하면 왼쪽의 산굽이가 계관산의 주 몸통에 해당하는 산이라고 한다. 바로 북계룡 수도 자리의 오른쪽인 백호 맥을 이루는 산줄기이다.

◀
닭이 모이를 먹으려
고 머리를 숙이는
듯한 모습의 계관산

◀
계관산 전경

◀
계관산에 올라 답사
하는 일행

주몽왕이 후손에게
양보한 명당

북계룡에 관한 예전 일화가 있다. 봉우 선생에 의하면 동명성왕 (東明聖王) 고주몽이 나라를 세우고 도읍 자리를 살피다가 북계룡을 찾았다고 한다. 한눈에 보기에도 과연 하늘이 내린 명당이었다. 하지만 곧 그곳이 이천 년 후의 신(新) 도읍 자리임을 알아보고, "다음에 올 임금의 자리이다."라며 양보했다고 한다.

그리고 인근에 협소한 산골짜기에 도읍을 정했다고 한다. 그곳이 동명보자(東明堡子)이며, 지금의 계관산이라고 한다. 현지 주민들은 '고려보자(高麗堡子)'라고 부르고 있었다. 현재 계관산 기차역에서 그리 멀지 않은 곳에 있다.

필자가 계관산에 직접 올라가서 보니, 동명보자는 동네 야산 크기 정도였다. '보자(堡子)'라는 뜻 자체가 "작은 성" 혹은 "작은 둑"을 뜻한다. 천신(天神)의 아들이자 하백(河伯)의 딸을 어머니로 두

▲ 동명보자 앞에서 필자와 아내. 어느 정도 크기인지 보려고 그 앞에서 사진을 찍었다.

고, 어려서부터 총명하고 선견지명까지 지녔던 주몽이, 그 넓은 천혜의 요새 봉황산성을 불과 몇 킬로미터 앞에 두고 30m짜리 야산에 도읍지를 정했다는 것은 상식적으로 이해가 되지 않는다. 물고기 다리를 밟고 건너던 이적(異蹟)을 행한 주몽이 이처럼 안목이 없었다고는 생각되지 않는다.

이것이 사실일지 의구심이 생겼다. 그러나 고려보자, 동명보자라는 지명은 어디에서 무슨 근거로 유래하는 것이란 말인가? 누군가 일부러 지어냈을 리도 없다. 거짓이라면 그 지명이 2천 년이 넘도록 이어져 왔을 리도 없지 않겠는가. 이것이 정말 사실이라면, 이 얼마나 위대한 선조이며, 아름답고 아름다운 역사란 말인가!

그는 이천 년 후 민족의 상승하는 대운(大運)을 미리 내다보고,

다시 돌아올 후손을 기다렸던 밝은 임금이었던 것이다. 과연 고구려 시조 고주몽이 '동방의 밝은 성인 임금'이라는 뜻의 '동명(東明)성왕(聖王)'이라고 불리는 이유를 이제야 알겠다. 민족의 대운은 둘째 치더라도, 소빙하기의 기후변화로 인해 남쪽으로 내려온 조상들처럼, 2천 년 뒤 후손들이 지구온난화로 인한 자연의 순리에 순응하기 위해 다시 조상들의 영토로 원시반본 하는 미래를 밝게 꿰뚫고 있었던 것이리라. 자연의 순리를 따라 강물을 거슬러 고향으로 돌아오는 연어처럼, 후손들이 돌아올 것을 밝게 알고 있었던 것이리라.

동명성왕을 통해 큰 교훈을 얻었다. 당대의 이익을 버리고, 후손과 뭇 백성들까지 배려하며, 홍익인간(弘益人間)의 정신을 실천해 온 위대한 선조의 정신문화적 실체와 역사를 직접 확인했다. 이것이 바로 우리가 계승하여 잇고 앞으로 전승해 나가야 할 민족의 진실한 역사이며, 밝은 미래로 뻗어 나갈 우리의 정신문화이고 자존과 자긍의 원동력인 것이다.

그야말로 이곳 북계룡은 수천 년간 선조들이 인고(忍苦)의 이정표를 세워, 미래 밝은 역사의 주인을 기다려 오고 있는 민족의 뿌리 터전이었다.

다섯 마리 용이
꿈틀대는 오룡배

　"오룡산(五龍山)"은 단동시에서 동북 방향으로 26㎞ 지점에 있다. 다섯 마리 용이 꿈틀대듯 넘실넘실한 산이라서 오룡산이라고 한다. 앞서 말한 북계룡 중에서 오룡배가 있는 그 산이다. 오룡배는 단동에서 유명한 관광지이며 특히 온천이 유명하다고 한다. 그래서인지 관광지처럼 꾸며 놓았는데 그걸 보니 탐탁지가 않았다.

　입구에 다다르니 말 탄 장수의 동상이 세워져 있었다. 설인귀 장수의 동상이라고 한다. 이곳이 설인귀가 당나라 장수로 귀화해서 고구려를 침공할 때, 바로 첫 화살의 활시위를 눈에 갖다 댄 곳으로 '전안(箭眼)'이라고 이름 붙여진 자리다.

　중국이 수많은 고구려 유적은 공개하지 않으면서 당나라를 위해 공을 세운 설인귀의 동상까지 만들어 기념하다니, 그것도 하필이면 우리 민족의 수도 자리 입구라서 더욱 불쾌했다. 혹시 깜찍한

오룡산 전경

오룡산 입구

설인귀 동상

중국인들이 우리의 북방 진출 운을 내다보고, 예방책으로 일부러 세워 둔 건 아닌가 하는 의구심도 생겼다. 참고로 설인귀는 경기도 파주 감악산에 그의 유래비가 전해지고 있다.

매표소에 도착하니 흐렸던 날씨가 기어코 비를 뿌리기 시작했다. 오룡산의 다섯 봉우리가 이어지는 오룡배도 구름에 가려 보이지 않는다. 빗줄기가 갈수록 거세져서 할 수 없이 발길을 되돌릴 수밖에 없었다. 우리 민족이 그토록 염원하던 고토회복의 발판이 될 북계룡 자리를 둘러본다는 것은 매우 큰 중대사인데, 공교롭게도 날씨가 궂어 볼 수 없다니 난감했다.

혹여 우리의 마음가짐이 잘못됐거나 무례함이 있어서 그런 건 아닌가 싶어서 잠시 호흡을 가다듬고, 앞으로는 더욱더 경건한 마음가짐으로 남은 여정에 임해야겠다고 다짐했다. 할 수 없이 돌아 나오는데 애꿎은 마음에 설인귀의 동상이 또 눈에 거슬린다. 설인귀는 야속하지만, 오룡산을 그냥 갈 수는 없어서 그 앞에서 사진을 찍었다.

아니면 아직은 때가 이른 것인가 하는 생각도 든다. 어쩌면 중국의 산신들이 있다면 한배검의 후손 20여 명이 무리를 지어 도읍 자리를 보러 왔으니, 순순하게 보여 주고 싶지는 않을 것 같다는 생각이 들었다. 그래도 우리 한배검의 무리가 이곳에 발을 디딘 것을 오래 기억해 주길 바라며 발길을 돌렸다.

북계룡의 백호(白虎),
봉황산

웅장하고 기기묘묘하게 펼쳐진 바위산이 나타났다. 바로 "봉황산(鳳凰山)"이다. 마치 봉황이 날개를 펴고 순식간에 날아오를 것만 같은 기세가 참으로 빼어나고 웅대하다. 아스라한 정상은 구름으로 뒤덮여 신비로움마저 더했다. 봉황산은 바위가 검은색인 화강암으로 이루어져서 '오골성(烏骨山)'으로도 불렸다고 한다. 봉황산이 우리나라 미래 세대의 도읍지 자리 뒷산에 해당하는 주산(主山)이라고 한다.

기세만으로도 감탄스러운데 이름 또한 봉황(鳳凰)이라니, 역시 우리의 국도 자리에 걸맞다. 봉황은 예로부터 우리 민족을 상징해 오는 신성한 새이다. 우리의 조상들은 지명이나 상징 등을 허투루 이름 짓지 않았다. 가령 '비하리(飛下里)'라는 지명을 오래전부터 가진 마을에, 근래 들어 비행장이 생겼다는 실화들이 많이 있다. 이

▲ 봉황산 전경

▲ 봉황산 입구

처럼 지명과 상징, 미래 도읍지, 이 모든 걸 예견하신 조상들의 혜안에 다시 한 번 감탄했다.

고구려 성터인 "봉황산성(鳳凰山城)"으로 들어갔다. 사방으로 험준한 봉황산이 마치 병풍을 둘러친 듯 완벽한 천혜의 분지 요새였다. 봉황산성 그 너머로는 더 큰 분지가 있다고 한다. 입구는 우리가 들어온 서남쪽 길 한군데뿐인데 그마저도 폭이 20여m에 불과했다. 분지 안의 둘레는 수십여 킬로미터 정도는 돼 보이는데, 중국군 막사가 3분의 1은 차지하고 있었다.

봉황산성은 입구 반대편의 북쪽에서 바라볼 때, 오른쪽의 봉황산과 왼쪽의 "고려성자산(高麗城子山: 고구려성이 있는 산이라고 해서 붙여진 이름)"이 닿아 있고, 높은 바위 절벽으로 이루어져서 천연의 요새를 이루고 있다. 봉우리와 봉우리 사이의 낮은 곳에 성벽을 쌓았다고 하는데, 고구려 산성의 자료를 살펴보면 천연장벽으로 이

▲ 봉황산성 입구

루어진 구간이 87개이고, 돌로 쌓은 성벽 구간이 86개라고 한다. 산성의 안쪽은 넓은 평지로 10여만 명 이상의 군사들을 수용할 수 있다고 한다. 이는 고구려의 산성 가운데 가장 규모가 큰 것이다. 산세를 이용해 천연의 요새로 만든 고구려 조상들의 뛰어난 지혜와 지략이 돋보였다.

그런데 험준한 산세와는 달리 산성 안은 아늑한 기운이 넘쳐서 희한했다. 필자가 고개를 갸웃거리며 옆에 있던 아내에게 이 말을 하니, 아내도 똑같이 느꼈다고 한다. 만약에 여기서 살면 어떨지 즐거운 상상을 하며 공부터를 잡아서 앉아 보기도 하고, 잠깐이나마 평평한 자리에 앉아서 숨을 고르기도 했다. 풍요로우면서도 힘찬 기운이 정수리를 타고 코끝을 지나 단전으로 흘러들었다. 따뜻하면서 힘찬 기운이 온몸을 감돌았다.

▲ 봉황산성 내부

압록강 철교에서
민족정기를 떠올리며

바이칼에서부터 숨 가쁘게 달려온 꿈같았던 여정이, 이제 압록강 앞에 와서 당면한 현실로 다가와 서 있다.

압록강 철교 입구에는 중국 군인들의 막사가 있었는데, 200위안을 내야 철교를 관람할 수 있다고 한다. 철교를 3분의 1가량 북한 쪽으로 걸어가 보니 바로 밑으로 압록강이 흐르고 있다. 백두산에서 흘러내린 강물은 예나 지금이나 변함없이 흐르고 있건만, 사람만이 자유롭게 오고 갈 수 없다니 씁쓸하다. 유구한 역사의 유적은 일본에 의해 날조 왜곡되고, 이제는 중국에 돈을 내고도 통제받을 수밖에 없는 민족의 현실을, 저 강물은 아는지 모르는지 그저 말없이 무심히 흐르고만 있다.

강 건너에 보이는 북녘의 땅은 왜 그렇게 또 퇴색되고 빛바래 보이는지 모르겠다. 수백만 민족 이산의 아픔을 간직한 채, 자기 정

압록강 철교에서 필자의 아내와, 그 앞에서 걸어가고 있는 중국 공안의 모습

압록강 철교 전경

▲ 철교 입구 중국군 초소

▲ 압록강 철교에서 필자

체의 늪에 빠져서 낙후된 북한의 현실과 강요된 분단의 이념 속에서 안락을 누리며, 이전투구(泥田鬪狗: 사사로운 이익을 위하여 볼썽사납게 싸우는 것을 비유하는 고사성어)를 일삼는 남한의 현실이 참으로 암담하다.

우리가 좁은 한반도 남쪽에서 살다 보니 시야가 좁을 수밖에 없다. 웅대하고 밝았던 기상을 마음껏 펼친 영토와 역사도, 모두 저 위쪽 시베리아와 만주에 있다. 지금은 그 길이 막혀서 갈 수조차 없다. 그러니 멀고 먼 남의 땅이고, 남의 이야기로만 들릴 따름이다. 하지만 언제까지 이렇게 살 것인가 말이다.

우리는 주권 있는 국민으로서 존엄하고 당당하게 살고 있는가? 좁은 땅 안에서 서로 분열하고 싸우며, 눈앞의 이익만을 좇아 살고 있지는 않은가? 근시(近視)의 안목으로 비전 없는 삶을 후대에 대물림하며 살고 있지는 않은가 말이다. 이에 대한 해결책은 아무리 생각해도 통일을 이루고 원시반본의 고향 땅으로 돌아가는 것밖에는 없다. 본래 만리장성 이북 땅은 흉노와 말갈, 여진, 숙신, 고구려 등, 이름만 달리한 우리 민족의 조상들이 활보하며 살던 우리의 영토이다.

저 푸른 초원 칭기즈칸의 병사들 시력은 평균 4.0이었다고 한다. 우리가 앞으로도 계속 좁고 두꺼운 안경을 낀 채 근시로 살 것인지, 아니면 수천 년 동안 지녀 온 DNA를 회복해서 최소 4㎞ 밖의 과녁을 식별하고 화살을 쏘는, 밝은 지혜의 눈을 다시금 지니고 살 것인지는 우리 손에 달려 있다. 모든 국민의 의식과 실천에 달려 있다.

우리의 살과 피와 뼛속에는 민족과 조상의 역사가 생생히 살아 있고, 우리 앞에는 자식들이 살아가야 하는 냉정한 미래 현실이 기다리고 있다. 지금 어떻게 살 것인가를 결정하는 것에 따라서, 우리 아들과 딸들의 내일이 결정될 것이다.

선조들의 밝은 정신과 웅대한 기상이, 압록강과 분단의 벽에 가로막혀 신음하고 있다. 하루빨리 분단의 벽을 허물고 민족정기를 일깨워 밝음의 역사와 영광을 다시 재현해야 한다. 그러한 내 소망을 싣고 저 푸른 압록강은 유유히 흘러 바다로 향하고 있다.

2001년 6월 27일(수), 열세 번째 날.

아침 식사는 호텔에서 먹기로 예약되어 있었지만, 우리는 다시 고려술집을 찾았다. 음식 맛도 맛이지만 북녘 동포에 대한 연민의 정이 컸기 때문이다. 그곳은 간판은 술집이지만 북한에서 운영하는 식당이다. 주방에는 나이 든 북한 아주머니가 있었고, 젊은 여성 종사원들도 세 명 있었는데, 그녀들은 여기서 3년간 복무하게 되어 있다고 한다. 모두 왼쪽 상의에 김정일 위원장의 사진 배지가 달려 있다.

그런데 역시 남남북녀(南男北女)라는 말처럼 종사원 아가씨들이 하나같이 미인이다. 마르지 않아서 복스러우며, 목소리도 예쁘고

▲ 필자와 북한식당 종사원 기념사진

말투도 상냥해서, 생경한 이북 사투리가 귀엽게 들릴 정도이다. 아마도 전형적인 조선 미녀 스타일이란 이러한 모습을 보고 하는 말이 아닐까 생각되었다.

테이블이 작아서 한자리에 못 앉고 일행이 여러 식탁에 따로 나누어 앉았다. 일행 중에 미혼 총각도 여러 명 있었는데, 다들 북한 종사원 아가씨 앞에서 기분이 들떴는지 자리를 들락날락했다. 음식이 나오기를 기다리면서 나도 북한 종사원 아가씨한테 말을 걸어 봤다. 압록강 건너 얼마 떨어지지 않은 강계가 고향이라는데, 부끄러워하면서도 조곤조곤 말을 잘한다.

옆에 있던 일행이 청순하게 생긴 북한 종사원 아가씨하고 언제 친해졌는지, 이리저리 포즈를 바꿔 가며 사진을 찍고 있었다. 그러자 주방에 있는 아주머니가 "김 동무" 하고 큰 소리로 부른다. 식탁에 음식상을 차리기도 바쁜데 지체한다며 잔소리를 했다.

그제야 모두들 음식상으로 눈이 갔는데, 인절미, 바람 떡, 김치, 나물 등 반찬과 밥이 정갈하게 차려져 있었다. 하나씩 먹어 보니 음식이 모두 입에 잘 맞고 맛있다. 솜씨 좋은 개성집 할머니가 한 상 잘 차려 내온 것 같다. 모두 마파람에 게눈 감추듯이 그릇들을 비웠다. 음식 맛도 맛이지만, 어제에 이어 연달아서 만나니 북녘 동포에 대한 연민의 정이 더해졌다.

요리도 하고 일도 거드는 북한 남자 직원이 우리 일행에게 와서, 저 종사원 아가씨들이 노래도 잘한다며 한번 시켜 보라고 말했다. 그 말을 듣고, 넉살 좋은 후배가 나서서 종사원 아가씨들한테 노래를 불러 달라고 부탁했다. 그러자 종사원 아가씨 두 명이 환하게 웃으며 마이크를 잡는다. 처음 듣는 북한 노래라 제목도 모르는데, 과연 꾀꼬리 같은 목소리로 노래를 청아하게 잘도 부른다.

즐거운 분위기가 이어지고 맛있는 음식도 먹어서 포만감이 생겼지만, 식당 문을 나설 때는 친근해졌던 만큼 쓸쓸한 아쉬움이 길게 남았다. 같은 동포인데 남한에서 만난 식당의 종업원과는 다르다. 분명 같은 동포에게 같은 돈을 주고 같은 음식을 사 먹는 것인데, 어째서 이 마음의 느낌이 다른 것인지 모르겠다.

바이칼호수로 흘러드는
백두산 천지(天池)

신의주 압록강 강변을 따라 걸으면서 숙소로 돌아오는 길에, 몇 년 전 이곳을 들러 백두산에 올라갔던 기억이 어제 같다.

봉우 선생님을 모시고 장백산과 백두산을 답사하려고 준비하던 중에 그만 돌아가셔서, 마음을 잡지 못하고 방황하다가 우리 제자 들끼리라도 다녀오자는 의견이 모아졌다. 그리고 94년 8월에 백두 산 답사를 떠났다. 그때의 일을 회상해 보니, 벌써 7년 전의 일이다.

백두산에 올라가는 길이 두 군데였는데, 서쪽에서 팔송림까지 차를 타고 올라가면 숙소가 있고 거기에서 다시 지프를 타고 올라 갔다. 비포장도로인 데다가 길이 굉장히 좁아서 우리가 탄 버스가 겨우 올라가고 있었는데, 하필 짐을 잔뜩 실은 화물차가 나타나서 길이 꽉 막혀 버렸다. 서로 비껴갈 수가 없을 정도로 길이 좁아서 오도 가도 못 하다가 결국 시비가 붙었다. 올라가기도 전부터 고생

▲ 94년 당시 백두산 가는 길, 팔송림 길목에 선 필자

길이었다.

　겨우 백두산 천지에 도착했는데, 비가 억수로 쏟아졌다. 밑에서부터 날씨가 잔뜩 흐려서 자칫하면 백두산 천지(天池)를 못 볼 것 같다고 걱정하면서 올라갔는데, 역시 천지에 도착하니 비바람이 더욱 거세졌다. 잘못해서 바람에 작은 돌이라도 날아와 맞으면 사람이 죽을 수도 있다고 한다. 구름이 꽉 껴서 아무것도 보이지 않았다.

　게다가(94년 당시에도) 산 정상에는 중국 공안들의 감시 초소가 있어서, 남한 관광객인 우리를 매의 눈으로 감시하고 있었다. 흥미로운 일은 우리뿐만 아니라 남한에서 온 사람들은 개인이든 단체든 대부분이 천지(天池)의 호숫가에 제를 올려서 중국 공안들이 못하도록 감시한다고 했다.

아무래도 천지를 못 보는 것이 아닌가 싶었다. 하지만 그냥 내려가기엔 너무 아쉬워서 우리 일행들은 제를 지내기로 했다. 중국 공안이 교대하느라 감시가 소홀한 틈을 타서, 품에서 얼른 태극기를 꺼내고 약식으로 제물도 올렸다. 우리 일행이 제를 마치고 나서 하늘에 대고 누군가 "천지를 한번 보여 주십시오." 하고 크게 외쳤다.

그러자 잠시 후, 정말 거짓말처럼 구름이 걷어 올라가기 시작했다. 마치 커튼이 말아 올라가듯이 걷히는 구름을 보면서, 어안이 벙벙하면서도 심장이 쿵쾅거리며 설레기 시작했다. 구름이 다 걷히고 드디어 천지(天池)호수가 그 모습을 드러냈다. 우리는 모두들 팔을 번쩍 들어서 만세를 부르며 환호했다.

하늘에 대고 경건한 마음으로 다시금 기원했다. 백두산과 천지를 보여 주신 것에 대해 머리 조아려 감사드리고, 우리 민족의 남북통일과 홍익인간 세상이 구현되기를 진심으로 빌었다.

백두산의 천지 호숫물은 북쪽으로 흘러 중국 송화강(松花江)을 이루고, 송화강은 대흥안령 소흥안령 산줄기에서 흘러내려 고인 물들이 모여 이룬 눈강(嫩江)과, 길림성 북서쪽의 삼차하(三岔河)에서 합류한다. 다시 이 강물은 동쪽으로는 러시아의 아무르강으로 흘러들어 가고, 서쪽으로 흐른 강물은 내몽골과 몽골의 울란우데강을 따라 바이칼호수로 흘러든다고 한다. 바이칼에서 백두산으로 이어지는 민족의 왕래대통로 물길이다.

압록강으로 흐르는 강물을 바라보면서 떠올랐던 94년 백두산 등

정기를, 이곳 바이칼 기행에 첨부하였다. 이는 민족의 이동 경로가 기후변화에 의한 것이기도 하지만, 현실적인 삶의 터전의 조건이 되는 물길의 환경 조건을 살피지 않을 수 없기 때문이다. 백두산 천지에서 시원(始源)하여 바이칼호수로 이어지는 물길은, 육로의 민족 이동 경로와 생활의 터전으로 밀접하게 이어져 있음을 확인할 수 있었다.

▲ 천지의 구름이 걷히는 모습   ▲ 모습을 드러낸 천지

* 참고: 일회용 카메라로 찍어서 가로 세로가 제대로 안 잡혔다.

▲ 천지에서 필자

▲ 천지 폭포 앞에서

백산대운(白山大運)의 출발신호
'통일'

통일은 '빅뱅(Big-Bang)'이다. 하나의 점에서 거대한 폭발이 일어나 인류가 시작되었듯이, 우리 민족에게 3천 년 만에 다시 돌아오는 국가적 대운(大運) 또한 통일이라는 하나의 점에서 시작될 것이다. 지난 세기의 물질문명의 폐해를 극복하고 정신과 물질이 조화롭게 발전해 나가는 정신과학문명의 폭발이 일어나, 전 세계가 평화롭게 사는 신(新)인류를 건설할 것이다.

통일해야 하는 이유는 수도 없이 많다. 그중에서 중요한 것을 간추려 보았다.

첫째, 가장 현실적인 이유는 기후변화로 인해 대기 온도가 3~4도씩 상승하기에, 습하고 무더운 아열대기후로 변하는 현재의 남한보다 북쪽으로 올라가야 삶의 터전으로 적합하다는 것이다.

둘째, 남북분단에 따른 이념적 분쟁으로 인해 국민 분열 조장의 원인이 되고 있으며, 외국 세력이 이 틈을 노려 우리의 정치·경제·군사 정보 침탈을 일삼고 있다. 남한 경제는 미국에, 북한 경제는 중국에 갈수록 예속되고 있으며, 이제는 이 두 강대국이 우리의 경제를 좌지우지하고 있어서 우리나라는 실질적인 신(新)경제식민지에 예속되고 있다.

셋째, 군사비용과 자원 수탈의 손해가 매우 크다. 남한은 군사비용, 무기 소요 비용 등의 주한 미군 주둔 비용에 막대한 비용이 소요되고 있다. 만약에 통일이 되면 절약할 수 있는 국방 안보비가 무려 연간 21조 원에 이른다고 한다. 북한은 막대한 천연자원을 중국에 수탈당하고 있는데, 북한 광물의 97%를 가져가는 중국의 가격 후려치기 횡포가 극에 달하고 있다고 한다.

넷째, 분단이라는 상황이 주변 국가의 군사력 증강의 빌미를 제공하고 있다. 일본의 우경화와 자위대 증강, 중국군의 증강, 미국의 핵무기와 원자력 발전의 원인 제공 등, 각 나라가 우리의 분단을 빌미 삼아 자국의 군사력을 막강하게 키우고 있다.

필자가 바이칼을 답사했을 때 시베리아 횡단 열차를 타고 가면서, 우리나라를 중심으로 전 세계를 잇는 '백산운화호(號) 광(光) 특급열차'를 그려 보았다. 물론 세계지도 위에 볼펜으로 그린 것이지만, 이는 충분히 현실 가능한 일이다.

남북한이 통일되면 중국 국경 지역(동북삼성: 길림성, 요녕성, 흑룡강성)의 정세가 바뀌고, 우리 민족의 고대사 및 상고사 정립을 통해 세계 속에 한국의 위상이 재정립될 것이다. 북만주, 몽골, 바이칼 호수를 잇는 시베리아 유럽 대륙 간 횡단 열차 개통으로 물류 혁명이 일어나 우리나라가 동북아 물류의 허브로 급부상할 것이다.

통일로써 얻을 수 있는 이익과 가치는 너무나도 크다. 중국 국경 동북삼성지역의 정세가 바뀌고, 우리 민족의 고대사 및 상고사 정립을 통해 세계 속에 한국의 위상이 재정립될 것이다. 북만주, 몽골, 바이칼호수를 잇는 시베리아 유럽 대륙 간 횡단 열차 개통으로 물류 혁명이 일어나 우리나라가 동북아 물류의 허브로 급부상할 것이다.

세계적인 경제전문가인 짐 로저스(Rogers)는, 통일 한국에 투자해야 하는 이유 3가지를 내세웠다. 최고의 남북 인적자원과, 매력적인 북한의 천연자원, 그리고 세계 물류 허브 최적의 지정학적 위치를 꼽았다.

또 통일로 인한 현실적 이익에 대해 신문 자료(2014. 01. 17. 조선일보 자료 참조)를 통하여 구체적으로 살펴보면, 다음과 같다.

첫째, 남한의 기술력과 북한의 노동력 및 지하자원이 합쳐지면 일시에 동북아 경제·교통 중심지로 부상하게 된다. 세계적인 투자자의 대규모 투자 효과를 기대할 수 있다.

둘째, 통일 한국은 30~40년 내에 국민총생산(GDP)이 프랑스, 독일, 일본 등을 넘어서서 2050년 8만 달러 규모의 경제력 세계 4위가 될 것이 전망된다.

셋째, 인구수가 남북한 합쳐서 1억 명이 육박해 내수 시장이 충분하다.

넷째, 분단 지속 시 남한의 노령화 현상이 급속도로 빨라지지만, 통일 시에는 2015년 생산연령 71.2%에서 2030년 64.5%, 2050년 58%로 긍정적으로 완화된다. 만약에 통일이 이루어지 않을 경우 한국은 거대한 양로원이 되리라 전망하고 있다.

다섯째, 북한 지하자원의 가치는 약 6,000조 원이며, 이를 바탕으로 통일 한국의 유라시아 에너지 물류 네트워크 형성 및 확장을 할 수 있다.

여섯째, 동북아의 물류 허브가 된다. 부산에서 모스크바가 현재는 55일이지만, 시베리아 철도로 가면 25일 소요된다. 또 중국·러시아를 연결해서 한반도 에너지망이 완성되고, 5,000㎞ 세계 최대

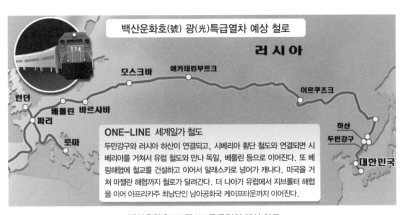

▲ 백산운화호(號) 광(光) 특급열차 예상 철로

산업 벨트가 탄생하여 대륙 간 교통과 무역의 요충지로 부상하게 될 것이란 전망이다.

곧 통일은 비단 우리 민족에게만 이익이 아니라, 동북아 경제 모두가 윈윈할 수 있는 계기가 되고, 더불어 세계 경제의 불씨가 될 것이라고 매스컴에서는 전망하고 있다.

필자가 생각하는 우리나라가 통일을 성취해야 하는 가장 큰 당위성은, 한나라의 국민으로서 실질적인 주권을 가지고 살고, 자유로우면서도 경제적으로 잘살기 위해서 반드시 필요하기 때문이다.

우리나라 정치 구조가 대통령 선거 5년마다 한 번씩 진보냐 보수냐를 놓고, 이념적 갈등에 따라서 매번 정치를 비롯한 모든 정책이 손바닥 엎어지듯 뒤집히고 있다. 반공(反共)을 국가 시책으로 삼는 이념 문제 앞에서는 국민 어느 누구도 자유로울 수 없으며, 어떠한 대통령이 나와도 우리 국가를 잘 살 수 있도록 할 수 없다.

지난 정부 수립 70여 년 동안 반공이냐 아니냐는 정치 이념을 수단으로 삼아서, 정치·경제·언론·교육 등 모든 부분에서 걸림돌이 되어 우리의 삶을 구속해 왔다. 그것도 모자라서 이제는 강대국에 의존하는 것에 대한 또 다른 이념 싸움이 이어져, 국민의 마음이 내부 분열로 갈라지고 있는 것이 현재 우리의 현실이다. 어느 누가 대통령이 되어도 똑같은 현상이 반복될 것이 불 보듯 명확한 사실이다.

무엇보다도 우리가 우리 세대에 통일을 이루어야 하는 이유는,

강대국들이 손뼉 치며 은근히 조장하고 있는, 이 끝나지 않는 싸움을 또 내 자식들에게 대물림할 것인가에 있다.

오늘날 우리나라의 젊은 청년들은 대학을 졸업해도 직장도 구하지 못하며 결혼도 못 하고, 자기 정체성마저도 잃어 가고 있다. 현재 한국사회의 구조는 근 백 년의 기반을 뿌리내린 기득권세력이 정치·경제·사회·교육 등 모든 분야에 그물망 같은 조직을 형성해 놓은 채 새로운 사람들의 진입을 가로막고 있다. 냉정한 자본주의 경제사회체제로서 부와 권력이 대물림되는 것이 현실이다.

더하여 부를 축적한 기존 세대들의 수명이 늘어나 고령화 사회에 접어들었기에, 젊은이들에게까지 기회가 주어지지 않는 상황이다. 더불어서 정치적 이념에 의한 국민들 간의 내부 분열은, 새로움을 원하는 젊은이들에게는 회피할 수도 없고 벗어날 수도 없는 숙명적인 과제로 주어져 있다. "헬(hell)-조선"이라고 하며 열심히 살아도 살기 어려운 삶을 토로하면서, 한국 사회를 떠나 이민을 가고 싶다고 한다. 이러한 자기 정체성 상실의 시대를 살아가는 것이 오늘날의 한국 사회 젊은이들이다.

이러한 상황의 근본적인 원인은 바로 남북분단과 그로 인한 이념적 갈등이 가장 큰 뿌리이다. 그리고 이에서 파생된 왜곡된 역사교육, 또 이를 이용하는 정치세력과 경제 기득권의 권력 독점, 이와 더불어 필연적으로 이어지는 미국·중국·일본의 경제적 신식민지화이다. 이러한 근본적이면서 실질적인 원인으로 인해, 2021년 지금 한국 젊은이들의 현실이 암울한 것이다. 단순하게 새로 바뀌는 정부나 대통령의 잘못이 아니라는 말이다.

이 모든 원인의 뿌리는 나이 먹은 기존 세대들 모두의, 통일에 대한 의지와 실천이 부족했던 것일 따름이다. 국민 모두의 염원과 의지가 모여야 이루어지는 것이 통일이라고 생각한다. 이러한 점에서 지금의 젊은이들에게 필자 또한 부모세대로서 미안하고 부끄럽다. 분단된 현실을 내 자식들에게 물려주고 있는 것이 부끄럽다. 이처럼 악순환되는 불행의 연결고리인 남북분단 상황을, 또 젊은이들의 자식들인 내 손자·손녀들에게 물려줄 것인가?

통일을 이루어야 한다. 통일이 이루어져야 부질없는 이념에 매이지 않고 자유롭게 살 수 있으며, 강대국에 휘둘리지 않고 실질적인 주권국가의 백성으로서 경제적으로도 잘살 수 있다. 통일이 되어야 올바른 역사를 알 수 있고, 후손들에게 올바른 교육을 물려줄 수 있는 것이다. 오늘 우리 젊은이들의 미래는, 온 마음과 온 힘을 모아 다 함께 통일을 이루는 길 이외에 다른 방법은 없다고 생각된다.

우리는 할 수 있다. 우리는 우리 세대에 통일을 이룰 수 있다. 역사적으로 우리 민족은 수많은 침략과 전쟁을 겪으면서도, 모두 극복하며 살아온 강인한 정신과 밝은 지혜를 지녔다. 우리 민족의 DNA에는 밝은 지혜로 통일을 이루어 낼 수 있는 저력이 잠재되어 있다.

통일을 이루어 우리의 젊은이들에게 안전하고 자유롭고, 잘살고 행복하고 밝은 미래를 열어 주어야 한다. 그리고 올바른 역사와 올바른 교육을 물려주기 위해, 우리 민족의 옛 영토인 북만주와 바이칼까지 회복해야 한다.

이에 대해 희망적인 예견을 봉우 선생의 말씀을 통해 살펴보면, 급한 상황이 닥치면 남북이 서로 나서서 통일을 추진한다고 한다. 강대국의 참견과 견제에 이러지도 저러지도 못하다가, "중국에 뺏기느니 차라리 남북 통일하는 게 낫다."라며 나설 것이라고 예견한다. 남한의 대통령이 "남의 나라에 사정하는 것보다는 우리끼리 힘을 합치는 게 낫지 않겠는가?"라고 나서서, 전쟁을 일으키지 않고 통일할 방법을 만들어 낸다. 지난 6·25 때에는 갑작스러운 고통과 충격이 컸지만, 이번 남북통일은 힘 하나 안 들이고 될 것이라고 예견했다.

통일에 관한 희망적인 전망의 조짐이랄까? 어쩌면 그 시기가 지금이 아니냐는 생각이 들기도 한다. 근래 Covid-19 질병 추세가 세계적으로 확산되고 있다. 바이러스 질병뿐만이 아니라, 기후 온난화 현상에 따른 태풍과 홍수, 산불 등으로 인해서 온 세계가 공황 상태이다. 교통이 끊기고 경제활동이 위축되어 세계정세가 어수선하다.

남한의 경제 상황도 어려운데, 미국에 의해 유엔의 경제 제재를 받는 북한의 경제 상태는 몹시 어려운 상황이라고 보인다. 미국과 중국은 신(新)냉전 상태에 들어간 상황이고, 일본도 원전 사고에 이어 올림픽 연기에 따른 경제 손실이 큰 상황이다. 통일에 가장 걸림돌이 되는 미국과 중국, 그리고 일본의 상황이, 각각 자국의 문제에 매여 있을 때가 통일에 가장 좋은 시기라고 생각된다.

위기가 곧 기회라고 하였다. 지구상 모든 분야의 전문가들은 Covid-19가 몰고 온 세계적 변화추세가, 상상외로 어마어마하게 큰 변혁의 세계를 가져오리라 전망하고 있다. 이러한 변혁의 추세는 곧 우리에게는 통일을 이룰 좋은 기회가 되리라 생각된다. 이것이 우리에게 주어진 국가의 대운(大運)이라고 할 수 있다.

유럽의 석학(碩學)들은 Covid-19에 대해 잘 대처하고 있는 우리나라가, 앞으로 세계를 이끌어 갈 것이라고도 예견하였다. 이는 우리 국민의 밝은 지혜와 실천성을 깊게 연구하고 평가한 사실이다.

Covid-19 이후의 세계는 무엇보다 안전(安全)을 최우선으로 한다. 안전에 대한 신뢰성이 세계의 정치·경제·의료 등 모든 면에서 상대적으로 평가되어 우선시할 것이다. 사람들에게 믿음을 주는 마음의 신뢰성은, 오랜 전통과 관습과 문화에서 드러나는 우리 민족의 고유 품성이다. 이것이 곧 한배검으로부터 우리 DNA로 계승되어 오는, 밝게 드러나는 투명성·공정성의 정신문화인 것이다. 이것이 우리 민족의 본질적인 자기 정체성이다. 이것이 바로 우리 민족이 지닌 밝은 지혜이고, 긍정적인 실천의 원동력인 것이다.

우리 민족의 본질적 밝은 정신과 긍정적 실천의 힘은, 언제든 발휘할 수 있는 잠재력으로 축적되어 있다. 이제 강대국들의 간섭에서 벗어날 기회가 주어진다면, 우리는 통일을 성취할 수 있을 것이다.

이제 우리가 해야 할 일은 무엇보다도 반드시 통일을 이루겠다는 강한 의지를 갖는 것이다. 그러한 마음을 굳게 다지면서, 각자 맡은 바의 일을 열심히 하면서 바르게 사는 것이다.

옛사람들도 뜻을 바로 세우면 모든 일이 시작되는 것이라 하여, 입지(立志)를 중요시했다. 이는 바로 국민의 의식이며, 국민의 뜻인 민의(民意)가 된다. 백성들의 뜻인 민심(民心)은, 곧 하늘의 마음인 천심(天心)이 된다. 우리의 마음이 하늘의 뜻이 되는 것이다. 그러면 국가의 대운(大運)이 성취되는 것이리라.

그리고 다행히 그때가 하루빨리 와서, 지금 우리 세대에 오기를 기다려 본다. 통일을 이루어야 한다. 반드시!

: 나가는 글 :

민족의 자긍심과,
세계 평화의 길을 열기 위하여

2001년 6월 28일(목), 열네 번째 날.

어제 저녁 단동에서 기차를 타고 심양으로 와서, 인천행 항공기에 올랐다. 하늘을 날아오른 항공기 안에서 눈을 지그시 감고 뒤돌아보니, 13박 14일의 지나온 여정들이 영화 필름처럼 머릿속에서 흘러갔다.

여행사 패키지에도 없고, 일행 누구도 가 보지 못한 미지(未知)의 험난한 길을 숨 가쁘게 달려왔다. 시간은 몇 달이나 지나간 것 같았고, 과거와 현재와 미래를 수없이 넘나들었다. 때로는 한배검의 무리가 되어 바이칼호수에서 밝음을 노래하기도 하고, 때로는 고구리의 병사가 되어 힘차게 말을 몰고 활 쏘며 초원을 휘달리기도 하였다.

너무도 가슴 벅찬 희열에 우주 순환의 밝은 터널인 피라미드에

앉아 호흡을 고르며, 한배검으로부터 면면히 이어져 내려온 정신 수련의 통로를 따라 벽화 속 궁극의 세계로 넘나들기도 하였다. 그리고 한반도에서 이어지는 세계 대평화의 광 특급열차를 타고 지구를 순례해 보기도 하였다.

그렇듯 민족의 밝은 길 왕래대통로(往來大通路)를 숨 가쁘게 달려 내려오는 길에는, 오보와 말 매는 나무, 불칸 바위, 그리고 피라미드와 호태왕 선돌비와 동명왕의 고려보자가, 수천 년 인고의 세월을 꿋꿋하게 지켜 내려오며 이정표가 되어 곳곳마다 길을 밝혀 주고 있었다.

또한, 바이칼의 바르한과 쿠림한을 만났고, 코리족의 후예와 대흥안령을 넘나들던 고리족의 해모수와 고구리의 동명성왕을 만났으며, 호태왕을 만나 보았다.

그때마다 강렬한 기운을 느낄 수 있었다. 일만 년 태고의 신성한 밝은 기운이 바이칼에서 젖어 들었고, 피라미드 궁극의 세계에서 복희씨 여와씨의 일월(日月)의 신묘한 기운에 취하였다. 호태왕 선돌비에서는 뜨겁게 용솟음치는 장엄한 기운이 온몸으로 스며들었고, 집안 어느 동굴 속 신선의 정상 삼화 기운이 정수리를 타고 단전으로 흘러들었으며, 북계룡 봉황의 날개에 올라 대동장춘 긴 봄날의 기운을 호흡할 수 있었다.

그리고 우리가 달려온 길에는 백두산에서 흘러내린 천지(天池)의 호숫물이, 송화강으로 흘러서 대흥안령에서 내린 눈강의 강물과 합류하고 있다. 송화강과 눈강의 강물은 부여 고구려 조상들의 옛 영토를 비옥하게 고루 적시고서, 내몽골을 통하여 바이칼호수로 유입된다. 민족의 왕래대통로는, 육로뿐이 아니라 수로를 통해서도 이어져 있었다.

돌이켜 보면 주마간산(走馬看山)의 짧은 여정이었지만 참으로 많은 것을 보았고, 느꼈으며, 깨달을 수 있었던 기행이었다. 그런 가운데 민족의 상고(上古) 역사와 밝은 정신문화에 문외한이었던 우리 일행은, 어느새 한배검의 무리가 되어 있었다. 그 속에서 나는 일만 년 우리 민족의 역사를 거슬러 올라갈 수 있었다. 그 찬란하고 위대한 역사를 오랜 세월 인고의 시련 속에 꿋꿋이 이어 내려오게 한 뿌리에는, 밝고 밝았던 선조(先祖)들의 정신과학문명이 자리하고 있음을 눈으로 보아 확인하였고 굳건한 믿음을 가질 수 있었다.

그리하여 장차 밝은 역사로 펼쳐질 우리나라의 미래를 위해서는 올바른 역사를 바르게 정립하고, 민족 전래의 정신과학문명을 널리 계승하여 침체되었던 민족의 정기를 새롭게 불러일으켜야 한다는 것을 절감했다. 이 모든 일이 봉우 선생께서 바이칼 지역을 직접 가서 살펴보라 말씀하셨던 연유에서 시작되었음을 깨닫고, 새삼 그 모습이 떠올라 마음이 숙연해졌다.

다시 한 번 돌이켜 보면 바이칼과 몽골, 그리고 요동벌과 북계룡은 우리 민족 밝은 역사의 진실이었다. 그곳은 우리 민족 누구나 한번은 꼭 순례(巡禮)해야 하는 성지(聖地)이고, 순례를 마친 자는 누구나 한배검의 무리임을 깨닫게 되는 겨레 얼의 고향인 것이다. 또 그곳은 선조(先祖) 밝은이들이 수천 년 인고의 이정표를 세워, 미래 밝은 역사의 주인을 기다려 오고 있는 민족의 뿌리 터전임을 알 수 있을 것이다. 나아가 세계 대평화(大平和)를 이루어 갈, 현 인류 문명기원(文明起源)의 성지(聖地)이다.

이번 순례를 통해 우리가 우물 안의 개구리처럼 너무 좁은 안목으로 부끄럽게 살아온 후손임을 알 수 있게 되었다. 그리고 그 밝은 조상들의 지혜롭고 행복한 삶을 이어 가기 위해서는, 무엇보다 먼저 통일을 성취해야 한다는 것을 절실히 깨닫게 되었다.

우리 민족 조상들이 소빙하기의 기후변화를 피하여 삶의 터전을 이동하여 남하(南下)하였듯이, 우리도 지극히 현실적인 이유인 기후변화의 순리에 따르기 위해서 북상(北上)하여 옛 조상의 터전으로 돌아가야 한다. 이는 원시반본(原始返本)의 자연 이치와, 역사순환의 원리를 따르는 순리(順理)이다. 마치 연어가 고향의 강물로 회귀하듯이.

그리고 나 자신의 자기 정체성을 찾고, 우리 민족 역사와 문화의 자긍심을 찾으며, 미래 젊은이들의 올바르고 행복한 삶을 위해서, 나아가 세계평화 대통로의 길을 열기 위해서, 우리는 통일을 이루어야 한다는 결론이 내려졌다.

길고 긴 호흡 속에 어느덧 비행기는 인천 공항으로 내려앉기 시작했고, 이번 여정의 막이 내렸다.

바이칼의 그윽하고 밝은 신령들과

별빛 아래 몽골 샤먼이 춤추고 노래 부르며 기다리는 이여!

동방의 밝은 성군이 보자(堡子)를 내주며

산골짜기 수천 년 인고(忍苦)의 세월을 기다려 온 이여!

고구리 큰 임금이 뜨겁게 용솟음치는 민족의 밝은 정기를

현묘한 선돌 속에 갈무리하여 이정표로 깎아 세워 기다리는 이여!

몽골 초원의 야생마를 길들여 대평화의 땅을 자유(自由)롭게 휘달릴 이여!

북계룡의 오룡(五龍)과 금닭(金鷄)을 아우르고

우주(宇宙)로 날아오르는 봉황(鳳凰)의 날개에 뛰어올라

대동장춘(大同長春)의 긴 봄날을 누릴 이여!

무궁화(舜) 임금의 찬란하고 밝은 꽃을 활짝 피울 그대 밝은이들이여!

_필자 作